# APERÇU

## HISTORIQUE

# SUR L'ÉTAT DE LA MUSIQUE

## A STRASBOURG,

PENDANT

## LES CINQUANTE DERNIÈRES ANNÉES.

PAR

**CONRAD BERG.**

PRIX : 1 FRANC.

*Se vend au profit de la caisse d'éméritat pour les artistes-musiciens infirmes et leurs veuves.*

STRASBOURG,
Chez V.ᶜ LEVRAULT, rue des Juifs, n.° 33.

1840.

STRASBOURG, de l'impr. de V.e BERGER-LEVRAULT.

# TABLE DES MATIÈRES.

Pages.

Chapitre I.er Introduction . . . . . . . . . . . . . . . . 1
Chapitre II. État de la musique à l'époque de la révolution de 1789. — Époque de la terreur. — Musique du 10 août . . . . . . . . . . . . . . . . 3
Chapitre III. Époque du Directoire. —Théâtre de bienfaisance. — Fondation de la société de la Réunion-des-arts. — Congrès de Rastadt . . . . . . . . . . 7
Chapitre IV. Époque du consulat. — Grande musique à la Cathédrale. — Opéra allemand. — Exécution de la Création d'Haydn. — Imprimerie musicale . 12
Chapitre V. Époque de l'Empire — Cessation des concerts de la Réunion-des-arts. — Séjour de l'impératrice Joséphine. — Nouvelle salle de spectacle à Saint-Étienne. — Exploitation du théâtre par des actionnaires. — Fin de l'opéra allemand. — Concerts d'amateurs à la salle de l'hôtel du département. — Décret du Kremlin. . . . . . . . . . . . 16
Chapitre VI. Blocus de 1814. — La musique sous la restauration. — État du théâtre depuis la chute de l'empire jusqu'à l'ouverture de la nouvelle salle. — Translation des concerts de la Moresse à la Réunion-des-arts. — Dissolution de la société. — Origine des concerts à l'hôtel de l'Esprit. — Fondation du premier enseignement de musique. . . . . . . . . . . . 24

| | Pages. |
|---|---|
| Chapitre VII. Concerts de l'Esprit. — Leur translation à la Réunion-des-arts. — Leur fin. — Société de fanfares. — Fondation de l'académie de chant. — Fondation de l'école de violon. — Concerts du Vendredi-Saint au Séminaire protestant. — Premier concert alsacien. — Fondation d'une école de piano. | 29 |
| Chapitre VIII. État de la musique après la révolution de juillet. — Musique de la garde nationale. — Concert pour l'arrivée du Roi. — Fondation de la caisse d'éméritat | 39 |
| Chapitre IX. Vote du Conseil municipal en faveur de l'orchestre du théâtre. — Théâtre allemand sous la direction de M. Bodé. — Son expulsion. — Fondation de la Société philharmonique. | 44 |
| Chapitre X. Théâtre allemand sous la direction de M. Weinmüller. — Régénération du théâtre français par M. Brice. — Musique à la Cathédrale pour la mort du général Lafayette. — Deuxième concert alsacien. — Projet d'un athénée musical. — Introduction du chant dans les écoles communales | 49 |
| Chapitre XI. Renouvellement de la société philharmonique. — État du théâtre sous la direction Carmouche. — État de la musique à la Cathédrale | 57 |
| Chapitre XII. Exercice des écoles de chant et de violon. — Concerts de la société philharmonique. — Concert pour la Martinique. — Retour de l'opéra allemand. | 68 |
| Chapitre XIII. Conclusion. | 74 |

# APERÇU HISTORIQUE

SUR

# L'ÉTAT DE LA MUSIQUE

## A STRASBOURG,

**Pendant les cinquante dernières années de notre époque.**

---

## CHAPITRE PREMIER.

**Introduction.**

Aujourd'hui que la musique a pris une extension et une importance telles que les gouvernements eux-mêmes, en reconnaissant l'influence civilisatrice, lui donnent place dans la législation, et s'en occupent avec sollicitude, il ne sera peut-être pas sans intérêt de jeter un coup d'œil en arrière sur les vicissitudes qu'elle a subies à Strasbourg pendant les cinquante dernières années.

Si l'on ne jugeait que d'après ce qui se passe de nos jours, cette ville semblerait n'offrir que bien peu d'intérêt sous le rapport musical; mais il n'en a point été toujours ainsi, et les faits qui s'y sont succédé sont assez remarquables pour mériter qu'on les examine. L'art musical n'a qu'à gagner à cette recherche, qui en montrera le développement et les transitions.

En comparant l'état jadis si florissant de la musique à Strasbourg avec l'état de détresse que nous avons sous les yeux, on peut à peine croire que ce changement ait eu lieu en si peu de temps, et ce qui ajoute encore au sentiment de douleur qu'une telle comparaison doit causer aux amis de l'art, c'est le peu d'espoir que la situation actuelle semble permettre pour l'avenir. On est même quelquefois tenté de croire qu'une sorte de fatalité s'est attachée à cet art, et qu'elle amortit ou paralyse toute amélioration, tout élan, dans quelque partie qu'ils se manifestent. Un réseau, formé d'obstacles sans cesse renaissants, l'enveloppe et étouffe toute innovation aussitôt qu'elle ose paraître.

Que l'on ne croie point que ce tableau soit exagéré et tracé par quelqu'un qui aime à louer le passé aux dépens du présent; non, le mal est grand, réel, et il sera bientôt désespéré, si l'on tarde à le constater et à en chercher la guérison. Mais quels remèdes peuvent guérir une maladie si grave? Point d'autres qu'une reconstruction de l'art sur des bases nouvelles, l'introduction de nouveaux rapports entre lui et la société, et une innocente coalition des artistes dignes de ce nom.

L'auteur de cette notice, contemporain de la majeure partie des faits qui y sont rapportés, a essayé plus d'une fois de préserver chez nous la musique d'une décadence de plus en plus imminente. Il n'a eu que le chagrin de voir presque tous ses efforts inutiles, ses vues incomprises, son action en quelque sorte annihilée : son intention, en rapportant les faits du passé, c'est de faire connaître quelques-unes des causes qui les ont amenés, et d'examiner ensuite, en les comparant aux faits de l'époque actuelle, par quels moyens on peut espérer de rendre à cette ville son ancien éclat musical, et de contribuer à la conservation d'un art qui est devenu un véritable besoin de nos mœurs.

Il ne croit pas superflu en outre d'avertir, que les faits qui se sont passés avant lui ou ceux que son jeune âge ne lui permettait guère d'apprécier, lui ont été communiqués par des personnes véridiques, dont plusieurs vivent encore parmi nous.

Puisse cet aperçu, en éclairant le passé, montrer ce que doit être l'avenir de l'art, et engager tous ses véritables amis à réunir leurs efforts pour le rendre prospère.

## CHAPITRE II.
### État de la musique à l'époque de la révolution de 1789. — Époque de la terreur. — Musique du 10 août.

Après Paris, Strasbourg, avant la révolution de 1789, occupait en France le premier rang sous le rapport musical. Des institutions de tout genre y avaient porté l'art à une haute splendeur. La Cathédrale et le Temple-Neuf possédaient des chapelles parfaitement montées et composées, chacune d'un orchestre de vingt-quatre à trente personnes, dirigées par des artistes du premier mérite. Nous n'avons qu'à citer les noms de François-Xavier Richter et d'Ignace Pleyel, son successeur, qui étaient tous les deux maîtres de chapelle à la Cathédrale. La réputation du dernier surtout a été européenne, et égala celle des plus grandes célébrités actuelles.

Une maîtrise contenant douze élèves était spécialement attachée à la Cathédrale, pour y former des enfants de chœur et leur donner une instruction musicale complète. Le théâtre français se trouvait aussi dans un état très-prospère : son orchestre était, de l'aveu de tous les étrangers, le second de France. Un théâtre allemand, possédant aussi un bon orchestre, donnait, concurremment avec le théâtre français, des représentations régulières pendant la saison d'hiver, dans le local dit *Poêle des drapiers,* qui devint plus tard la Synagogue. Un concert d'abonnement, composé de l'élite de nos artistes, et dirigé par un des maîtres de chapelle, avait lieu tous les hivers, d'abord à la salle de la Moresse, et plus tard à celle du Miroir.

Les concerts de la Moresse étaient dirigés par Schœnfeld, maître de chapelle au Temple-Neuf, et ceux du Miroir, par Pleyel, remplissant les mêmes fonctions à la Cathédrale.

Indépendamment de ces institutions qui, seules, auraient suffi pour procurer à un artiste une existence très-honorable, la ville soldait encore sept à huit pensionnaires, dans le seul but de fixer dans son sein des artistes distingués, auxquels on n'imposait d'autre obligation que celle de faire partie des orchestres ci-dessus mentionnés. C'était M. d'Audigny, un des derniers préteurs de la ville, qui avait provoqué cette mesure de la part du magistrat, pour attirer dans notre cité des artistes étrangers d'un talent reconnu. Aussi plusieurs des artistes les plus distingués de l'époque vinrent-ils s'y fixer.

La révolution devait détruire un tel état de choses. La terreur arriva, et fit bientôt table rase de toutes ces institutions, dont il ne reste plus de trace.

La musique n'avait plus d'asile qu'au théâtre et au temple de la *raison*. C'est de ce dernier nom que s'appelait alors la Cathédrale, où avait lieu la célébration du décadi et des autres fêtes républicaines; mais quelle musique exécutait-on dans ces deux enceintes?

Le théâtre était une arène où chaque *sans-culotte*, chaque tapageur hurlait son exaltation patriotique. Combien de fois les représentations n'étaient-elles pas interrompues pour faire entonner des chansons révolutionnaires, qu'il plaisait au premier venu de demander, et que les acteurs n'osaient refuser de chanter, ni les musiciens d'accompagner, sous peine de passer pour suspects!

L'auteur se rappelle qu'un soir, au milieu de la représentation de la Caravane du Caire, un individu demanda à l'acteur en scène un air patriotique, que ce dernier ne connaissant pas, refusa de chanter. Grande fut l'explosion qui suivit ce refus! Les épithètes de chien d'aristocrate partirent de plusieurs coins de la salle, et le pauvre acteur fut forcé de se mettre à genoux, de faire amende honorable, de se déclarer indigne patriote, et de chanter finalement des couplets sur lesquels il improvisa, tant bien que mal, une mélodie quelconque.

De semblables scènes, qui n'étaient pas rares, éloignèrent peu à peu le public tranquille, et le spectacle ne fut plus fréquenté que par des militaires ou des propagandistes.

La musique que l'on faisait à la Cathédrale, convertie en temple de la raison, n'était guère meilleure, et l'on s'y bornait à jouer des airs patriotiques après les mariages, qui se célébraient tous les décadis au temple même.

Néanmoins, malgré des auspices si fâcheux, une grande solennité musicale s'accomplit une fois, et dut même le jour à cette effervescence révolutionnaire. Nous allons en dire quelques mots.

Notre ville se trouvait sous la surveillance de deux représentants du peuple, envoyés par la Convention nationale, et munis de pouvoirs extraordinaires : c'étaient Saint-Just et Lebas. On leur avait désigné Pleyel, qui, au lieu d'émigrer, s'était retiré à sa campagne à Ittenwiller, près Stotzheim, comme un dangereux aristocrate. Pour mettre son patriotisme à l'épreuve, ils lui ordonnèrent de composer la musique qui devait s'exécuter à l'occasion de l'anniversaire du 10 août.

Pleyel reçut cet ordre, apporté par deux gendarmes, dix jours seulement avant la célébration de la fête. C'était lui donner bien peu de temps; mais bon gré, mal gré, il fallut bien s'exécuter; car les gendarmes avaient ordre de ne pas le quitter que le travail ne fût fini. Le pauvre Pleyel se mit donc à l'œuvre. Il y travailla jour et nuit, et son ouvrage fut terminé dans les dix jours voulus. Les répétitions eurent lieu trois jours de suite, à la Cathédrale, à 10 heures du soir, à cause des grandes chaleurs.

Rien n'avait été négligé pour donner le plus de pompe possible à cette exécution musicale, qui devait dépeindre la lutte des sections contre le château des Tuileries. On avait fait venir des musiciens de tout le département, et rien n'avait été refusé au compositeur. Pleyel avait eu besoin de cloches pour un effet de tocsin, on lui permit de choisir entre les trois cents dont les églises avaient été dépouillées, et qui étaient réunies à la fonderie de Strasbourg, pour être converties en canons. PLEYEL en trouva sept qui, sans former précisément l'échelle de la gamme, étaient parfaitement d'accord entre elles, et donnaient plusieurs accords d'un effet majestueux et terrible. En général, l'effet de cette musique fut grandiose et saisissant, et tous les connaisseurs s'accordèrent à regarder cette œuvre comme une des meilleures de PLEYEL et comme le produit d'une véritable inspiration. Elle fut exécutée, durant quelques années, à la Cathédrale, pour la célébration des anniversaires du 10 août, et plus tard, en forme de concert, à la salle du Miroir.

Après le rétablissement du culte et la restitution des cloches aux églises, l'exécution de cette musique devint impossible.

## CHAPITRE III.

**Époque du Directoire. -- Théâtre de bienfaisance. -- Fondation de la société de la Réunion-des-arts. -- Congrès de Rastadt.**

Après le règne de la terreur, l'art musical reprit un peu de vie, et son action se fit sentir par différentes entreprises musicales, parmi lesquelles nous devons citer, comme la plus notable, celle du *théâtre de bienfaisance*.

Une société d'amateurs ayant conçu l'idée de donner des représentations théâtrales au bénéfice des pauvres, elles eurent lieu une fois par semaine dans le local du Poêle des drapiers, que l'on appela pour cela le théâtre de bienfaisance.

Cette institution, très-belle dans son origine, et accueillie avec enthousiasme au sortir d'une époque aussi triste, montra d'abord quelque valeur artistique.

Les plus nouveaux opéras français furent étudiés avec zèle, et exécutés avec beaucoup de chaleur et de précision. L'orchestre était composé du noyau de nos artistes qui avaient quitté le théâtre de la ville, et de l'élite de nos amateurs.

Une telle composition de spectacle attira une grande affluence, et la bonne compagnie n'y fit pas défaut.

Mais comme rien ne marche longtemps bien dans ce monde, il arriva bientôt que le luxe des costumes et des décorations absorba les recettes, et que les pauvres finirent par ne plus rien toucher d'un théâtre qui se nommait de bienfaisance.

Déjà le théâtre ordinaire, son rival, faisait des efforts pour regagner la faveur du public, que l'autre perdait par ses folles dépenses, quand un incendie détruisit, le 30 mai 1800, le théâtre de la ville, et força l'Administration à prendre le local du théâtre de bienfaisance pour le spectacle public, malgré son exiguïté.

Le théâtre qui venait d'être consumé avait duré juste un siècle. Le millésime de 1700 se lisait sur le fronton de l'édifice.

Ce malheur avait eu lieu après la représentation du petit Poucet, et causa la perte de tous les décors, costumes et autres effets, qui furent réduits en poudre en quelques heures.

La société du théâtre de bienfaisance, qui avait duré cinq à six ans, avait servi à développer le talent mimique de plusieurs de ses membres, qui se firent acteurs et continuèrent à se distinguer sur plusieurs grands théâtres de France.

A la même époque, une autre société d'amateurs s'était formée pour jouer la comédie et la tragédie allemandes, et avait donné des représentations au grand théâtre vers la fin de l'hiver de 1799 à 1800.

Possédant dans son sein plusieurs bons amateurs qui chantaient avec distinction, cette société avait entrepris même de monter l'opéra de la Flûte enchantée de Mozart. La vogue de cet opéra était alors aussi universelle que le fut plus tard celle du Freyschütz, et de nos jours celle de Robert le Diable.

Un peintre décorateur, nommé Enslen, en avait fait les décorations avec un grand luxe, et déjà la première grande répétition avait eu lieu quand le théâtre brûla. Heureusement les nouvelles décorations n'y avaient pas encore été transportées, et purent être ajustées pour servir peu de temps après à la première représentation de ce célèbre opéra dans le local du théâtre de bienfaisance.

Le succès de cette représentation réveilla dans notre public un goût très-vif pour la musique allemande, et depuis cette époque des troupes viennent d'outre-Rhin donner ici des représentations tous les étés.

L'époque qui suivit la terreur présenta un singulier phénomène, qui, d'ailleurs, s'explique assez facilement par la nature même du cœur humain. Ce fut une étrange soif de plaisirs après ces temps d'angoisses;

elle facilita toute entreprise qui avait pour but l'amusement du public. Grâce à elle, les deux sociétés théâtrales purent marcher de front et sans même nuire à la société des concerts établie à la salle du Miroir.

Malgré la terreur, cette société, fondée par Pleyel, n'avait pas discontinué ses exercices, et avait ajouté même au plaisir de la musique celui de la danse. Chaque concert était suivi d'un bal. Fréquentés par les généraux et les nombreux officiers de tout grade qui défendaient la position et le fort de Kehl contre l'armée autrichienne pendant l'hiver de 1796 à 1797, ces concerts furent le rendez-vous des plaisirs.

A cause de la fatigue et du froid rigoureux qui régnait pendant cet hiver, la garnison de Kehl se relevait tous les matins par trois mille hommes, et l'on a vu bien souvent des officiers se rendre du champ de bataille aux concerts du Miroir, y danser, s'y amuser pendant la nuit, puis retourner le matin devant l'ennemi, et, à peine sortis du bal, recevoir la mort des braves.

Différentes circonstances ayant provoqué la translation des concerts dans une autre salle, la société d'artistes qui les dirigeait alors conçut l'idée de faire construire la salle de la Réunion-des-arts. Ce fut dans l'hiver de 1798 à 1799 que cette salle fut ouverte au public, et que la société des concerts de la Réunion-des-arts prit naissance. Bien que ces concerts aient eu dans le principe une certaine portée artistique, l'orchestre y étant complet et très-bon, la malencontreuse idée de les faire suivre d'un bal les empêcha bientôt d'avoir pour l'art les résultats qu'on aurait pu s'en promettre.

On comprend aisément que le sérieux qu'exige l'exécution d'un concert ne peut guère s'allier aux frivolités et au bruit qu'entraînent nécessairement les préparatifs d'un bal. Aussi se hâta-t-on de raccourcir de plus en plus les concerts, pour ne pas trop faire languir l'impatience du public dansant, et le concert se résuma, pour la plupart du temps, en une seule partie composée de quatre à cinq morceaux. Voici quel en était à peu près le programme : 1.° Symphonie (complète) ; 2.° Morceau de chant ; 3.° Concerto sur un instrument quelconque ; 4.° Autre morceau de chant ; 5.° Ouverture.

On voit par cet aperçu que, malgré leurs défauts, ces concerts étaient supérieurs à la plupart de ceux de nos jours, puisque la symphonie n'en était pas exclue, et que l'orchestre était employé pour tous les morceaux.

Pendant quelques années une autre société, sous la direction des frères Graff, donna aussi des concerts d'abonnement à la salle du Miroir ; mais modelés sur ceux de la Réunion-des-arts, et également suivis de la danse, ils ne furent pas au-dessus des premiers, et ne produisirent qu'un faible résultat pour l'art.

Différentes sociétés d'amateurs se réunirent alors aussi pour donner des concerts, et si l'exécution n'en était pas des plus satisfaisante, au moins ils contribuèrent à réveiller et à généraliser le goût de la musique, et l'on peut regarder cette époque comme celle de l'*origine du dilettantisme* à Strasbourg.

Jusque-là les artistes seuls se mêlaient des entreprises musicales ; alors ce soin fut pris par les amateurs. Est-ce à dire que l'art de la musique y ait gagné ?

Un événement politique de la fin du siècle dernier n'avait pas peu contribué au développement de l'art musical à Strasbourg; c'est le congrès de Rastadt pendant les années 1798 et 1799. Il ne fut pas seulement le rendez-vous des diplomates, mais il fut encore celui des principales célébrités musicales, qui mêlaient les plaisirs aux affaires.

La proximité de notre ville les engagea à la visiter et à faire jouir les Strasbourgeois de leurs talents. C'est ainsi que le célèbre violoniste, Rodolphe Kreutzer, entre autres, de passage par notre ville, s'y arrêta pendant plusieurs mois. Ce séjour prolongé d'un artiste aussi distingué ne tarda pas à faire sentir son effet sur notre public musical.

Un nouveau zèle anima les artistes et les amateurs, et c'est au séjour de ce grand maître que les concerts durent leur principal développement, et le goût de la musique sa propagation.

La guerre qui éclata à l'issue du congrès de Rastadt n'arrêta point l'élan donné à la musique, et les concerts de la Réunion-des-arts continuèrent à croître en mérite et en vogue.

## CHAPITRE IV.

**Epoque du consulat. — Grande musique à la Cathédrale. — Opéra allemand. — Exécution de la Création d'Haydn. — Imprimerie musicale.**

Le Gouvernement consulaire, par le traité de paix d'Amiens, ayant ramené la paix extérieure et intérieure, l'art musical continua son développement paisible.

L'année 1800 fut marquée par l'exécution d'une œuvre majeure dans notre Cathédrale au mois d'août, peu de temps avant que ce temple fût rendu au culte.

C'était une musique de bataille, de la composition d'un ancien capitaine autrichien, nommé Bœhm. L'auteur l'avait fait entendre dans beaucoup de grandes villes d'Allemagne, où il l'appelait les victoires du prince Charles. Chez nous il lui donnait le nom de victoires du général Bonaparte.

Cette musique, toute instrumentale, à laquelle on reprocha quelques plagiats, fut néanmoins d'un grand effet. Pour l'exécution, l'auteur avait fait construire différentes machines, destinées à imiter le feu de file, le feu de peloton, le canon et le bruit d'une bataille. Il avait réuni environ trois cents exécutants, tant musiciens que tambours et gens placés aux machines. Lui-même dirigea tout avec une habileté vraiment remarquable. L'orchestre occupait les deux côtés du chœur sous les deux tribunes. Derrière l'orchestre se trouvait de chaque côté, sur un gradin élevé, une rangée de tambours. Les machines de guerre étaient disposées sur les galeries supérieures et dans tous les coins de la nef. Le directeur était placé dans une espèce d'enceinte carrée, dans laquelle se trouvaient des tirants de sonnettes en fils de fer, correspondant avec les machines, et qui étaient mis en mouvement par des pédales, que le compositeur pressait toujours un temps avant la fin de la mesure, afin que le machiniste, prévenu par ce signal, pût chaque fois lancer son coup. Que l'on se figure cet homme, dirigeant tout de mémoire, s'agitant dans tous les sens, et tout en veillant sur son orchestre, ne manquant jamais le signal d'aucune rentrée, et l'on comprendra de quelle habileté il était doué.

L'affluence du public était énorme : malgré toutes les précautions les portes furent enfoncées, et l'on évalua le nombre des auditeurs à plus de six mille.

L'année suivante, un autre grand concert eut lieu à la salle de la Réunion-des-arts, le jour du Vendredi-Saint de 1801. L'oratorio de la Création par Haydn, pour la première fois, fut exécuté dans notre ville. Si ce chef-d'œuvre fut loin d'exciter à un aussi haut point la curiosité publique que l'œuvre du compositeur Bœhm, sa portée artistique fut tout autrement grande, et il étendit beaucoup le goût de la bonne musique.

Le théâtre, au commencement du siècle actuel, n'offrit de remarquable que l'apparition d'une troupe lyrique allemande, sous la direction de M. Lüders. Elle donna des représentations très-suivies pendant tout l'été de 1801. Encouragée par ses succès, elle se rendit à Paris pendant l'hiver de la même année. C'était pour la première fois qu'un opéra allemand débutait dans la capitale. Tout en rendant justice au talent des chanteurs, les Parisiens se moquaient de leur jeu et de leur langue. Ajoutez à cela quelque maladresse dans le choix des pièces et dans celui du local, et peut-être même quelques intrigues de la part des théâtres de la capitale, et vous concevrez la prompte clôture du théâtre allemand. Ce n'est que trente ans plus tard qu'une seconde troupe allemande reparut à Paris. Soit qu'elle fût mieux dirigée, soit que le goût du public se fût modifié, elle y obtint, durant deux saisons, de très-brillants succès. Nous citons cette réapparition de l'opéra allemand, parce qu'elle a exercé une influence marquante sur le goût des dillettanti parisiens.

Le commencement de ce siècle fut aussi signalé par l'établissement d'une imprimerie musicale à Strasbourg, d'après un mode tout nouveau, qui imprimait la musique, en réunissant à la fois la stéréotypie au procédé des caractères mobiles, et en y appliquant l'impression en deux couleurs différentes; l'une, plus pâle, pour la portée des cinq lignes; et l'autre, plus noire pour les notes et autres signes de musique. Ce procédé rendait la lecture extrêmement agréable à l'œil, en même temps qu'il donnait un relief tout particulier à la clarté des notes.

L'inventeur, M. FRANÇOIS RHEINHARD, né à Bâle, mais domicilié à Strasbourg depuis nombre d'années, avait consacré la majeure partie de sa vie et de sa fortune à perfectionner son invention. Il y avait réussi complétement; mais, arrêté par les désastres de la terreur, et plus tard par la stagnation du commerce avec l'étranger, causée par la guerre, il ne put commencer ses publications que dix à douze ans après la création de son établissement. Or, les manuscrits achetés dans le temps à grand prix avaient vieilli, les compositeurs avaient passé de mode, leurs ouvrages se vendirent mal; la contrefaçon diminua encore ces faibles produits; enfin, au mois de mai 1805, l'incendie de l'église et des bâtiments de Saint-Louis, où M. RHEINHARD avait son établissement, en acheva la ruine. Tout le matériel fut détruit ou gâté en peu d'heures, et il aurait été impossible à M. RHEINHARD de remonter son établissement. Il vendit donc son secret à un typographe de Bâle, nommé Haas, qui, à son tour, le vendit à la cour de Russie, pour servir dans le ministère de la guerre au lever des plans et des cartes géographiques, et l'on peut regarder cette invention comme perdue pour les publications musicales.

Néanmoins, par l'introduction de la lithographie, cette perte est moins sensible. Cette dernière offre même des avantages, sous le rapport de l'économie; car la typographie de M. Rheinhard exigeait de grandes mises de fonds, et ne pouvait être applicable qu'à des ouvrages d'un débit certain. Il est fâcheux pourtant que les deux nuances que ce procédé offrait ne puissent être obtenues, ni par l'impression ordinaire, ni par la gravure, ni par la lithographie, sans de trop grands frais.

## CHAPITRE V.

**Époque de l'Empire. -- Cessation des concerts de la Réunion-des-arts. -- Séjour de l'impératrice Joséphine. -- Nouvelle salle de spectacle à Saint-Étienne. -- Exploitation du théâtre par des actionnaires. -- Fin de l'opéra allemand. -- Concerts d'amateurs à la salle de l'Hôtel du département. -- Décret du Kremlin.**

L'élévation du premier consul au trône impérial ne changea d'abord rien à nos affaires musicales, et ce n'est qu'un peu plus tard que les effets de son gouvernement se firent sentir. Les concerts de la Réunion-des-arts continuèrent leur train ordinaire, c'est-à-dire, que l'on y dansait, après y avoir fait de la musique pendant une heure. Cependant, l'intérêt pour la partie musicale allant toujours en décroissant, les artistes-sociétaires finirent par séparer la musique des bals, et donnèrent les concerts à des jours différents; ce qui eut lieu pendant deux hivers. Mais malheureusement l'intérêt pour ces concerts ne put se ranimer. Enfin un décret impérial, rendu en 1806, qui conférait aux théâtres le privilége de donner des bals masqués, enleva à la société de la Réunion-des-arts son principal revenu. Le bail de la salle venant d'expirer, la société fut dissoute après une durée de neuf ans. Depuis ce temps, les entreprises des concerts d'abonnement ne furent guère exploitées que par les amateurs. De nombreux concerts d'amateurs s'étaient formés dans ce même temps : leurs exercices avaient lieu tantôt au poêle de la Lanterne, tantôt à celui des Vignerons, tantôt à l'Auditoire du Temple-Neuf, ou tantôt dans des salles particulières.

D'ordinaire plusieurs de ces sociétés donnaient à la fois leurs exercices pendant le même hiver. Mais toutes ces réunions n'avaient qu'une faible portée artistique, et servaient plutôt à augmenter le goût de la musique qu'à l'épurer.

Le passage de l'empereur Napoléon par notre ville, lors de la campagne d'Autriche, en automne 1805, et l'arrivée de l'impératrice Joséphine, qui séjourna parmi nous pendant cinq à six semaines, ne donnèrent pas à l'action musicale cette vie nouvelle qu'on avait pu en attendre. Aucun concert ne fut donné en leur honneur, et le *Te Deum* préparé à la Cathédrale pour l'arrivée de l'empereur, n'eut même pas lieu.

Nous devons pourtant parler d'une messe en musique, exécutée dans une chapelle disposée à cet effet dans le Château par quelques chanteurs de la musique particulière de l'impératrice, sous la direction de Spontini, son maître de chapelle; mais peu d'élus y assistèrent. L'impératrice, ayant compté sur un plus long séjour dans cette ville, avait fait venir ce célèbre compositeur avec plusieurs chanteurs et cantatrices de sa musique particulière. Mais la bataille d'Austerlitz ayant décidé promptement du sort de cette campagne, l'impératrice nous quitta bientôt avec sa suite, et nous n'eûmes plus occasion d'entendre ces messes en musique.

Le théâtre français, confiné dans l'étroite enceinte du théâtre de bienfaisance, ne pouvait guère donner du développement à son action : aussi ses représentations n'avaient-elles lieu que pendant l'hiver. Les troupes allemandes, qui d'ordinaire fréquentaient notre ville pendant la saison d'été, ne vinrent point dans les années 1802 et 1803. En 1804, une troupe, d'un mérite assez faible, revint donner des représentations. Une meilleure arriva au printemps de 1805, sous la direction de M. Vogel. Composée de sujets distingués et administrée par un chef habile, cette troupe réunit les suffrages du public et exerça plus tard une grande influence sur nos affaires musicales.

Depuis longtemps le besoin d'une plus grande salle de spectacle était vivement senti. Une nouvelle avait été commencée quelques années après la destruction de l'ancienne et sur le même emplacement; mais on ne prévoyait pas qu'elle pût être achevée de longtemps. M. Wolfahrt, propriétaire de l'ancienne église de Saint-Étienne, qui servait de magasin, conçut l'idée d'y faire construire une salle de spectacle.

Ce projet s'exécuta pendant l'été de 1805, et la nouvelle salle put être livrée au public au mois de novembre de la même année.

Cette circonstance favorisa la réalisation d'un vœu que nos amateurs de musique formaient depuis longtemps : celui du séjour permanent d'un bon opéra allemand.

La troupe de M. Vogel était goûtée : elle obtint facilement de l'Autorité locale la permission de séjourner. Le spectacle français prit possession de la salle de Saint-Étienne, l'opéra allemand s'empara du théâtre de bienfaisance, et les représentations des deux théâtres furent très-suivies.

Une nouvelle ère semblait avoir commencé pour l'art musical. Il prospéra en effet pendant quelque temps; mais, comme malheureusement les bonnes choses ne nous restent jamais, cet espoir d'un meilleur avenir s'évanouit comme tant d'autres.

Strasbourg, dont la guerre et le système continental augmentaient la prospérité commerciale, se trouva bientôt en état de faire quelques sacrifices pour ses théâtres.

Vers la fin de l'année 1806 il se forma une société d'actionnaires à l'instar de celle de Francfort-sur-Mein, pour se charger de l'exploitation du théâtre. Elle émit quatre-vingts actions, de mille francs chacune. Les deux troupes française et allemande furent réunies sous une même direction, mais sous deux régisseurs différents. Pendant la semaine, les représentations des deux théâtres avaient lieu alternativement dans la nouvelle salle; mais le dimanche, les représentations du théâtre français se donnaient à la salle de Saint-

Étienne, et celles du théâtre allemand dans l'ancien poêle des Drapiers.

Une mauvaise administration absorba bientôt les ressources que les actionnaires avaient fournies pour cette entreprise. Des rivalités de la part des deux régisseurs s'y mêlèrent; il y eut des frottements de tous genres. Le théâtre français, ayant cherché à faire supprimer le théâtre allemand, y parvint facilement en obtenant un ordre ministériel qui le fit fermer au mois de mars 1808.

L'art musical avait reçu une forte atteinte par cette suppression, qui entraîna la dissolution de la société des actionnaires. Cependant cinq ou six d'entre eux continuèrent l'entreprise théâtrale à leurs risques et périls; mais quelque effort qu'ils fissent pour donner à la scène française l'éclat que possédait auparavant l'opéra allemand, ils ne purent réussir. La tragédie et le vaudeville fournissaient quelques très-bons sujets; mais l'opéra était moins bon. Le théâtre retomba peu à peu dans son engourdissement précédent, et chaque année sa composition devint plus faible.

Après la cessation des concerts de la Réunion-des-arts, notre ville fut plusieurs années sans concerts qui méritassent ce nom.

Quelques sociétés d'amateurs entreprenaient de donner des concerts d'hiver; mais elles se dissolvaient promptement: rarement la même société tenait des exercices pendant deux hivers consécutifs.

Cependant en 1808 une nouvelle société se forma. Elle avait pris naissance en 1804 dans la maison d'un particulier, où les dimanches matin, à onze heures, on exécutait en petit comité des quatuors d'instruments ou des morceaux de chant avec accompagnement de piano et de quatuor; ce qui avait fait donner à ces réunions le nom de *Musik-Krœnzchen* (cercle musical). Un des membres de la société ayant offert de prêter sa salle à l'hôtel du département (actuellement la maison de M. Sengenwald, rue Brûlée), ces réunions s'étendirent, et, de purement intimes, elles devinrent des matinées musicales régulièrement organisées avec un orchestre complet, où l'on était admis moyennant une rétribution mensuelle, destinée à couvrir les frais.

Dans le principe on se réunissait sans prétention, pour le seul plaisir de faire de la musique; un peu plus tard le programme en fut réglé d'avance, et l'on fit une répétition par mois, et plus tard encore une répétition précéda chaque exécution.

Ces réunions continuèrent le dimanche matin à onze heures, pendant cinq ou six mois de l'hiver.

Les années 1809 et 1810 n'offrent presque rien de remarquable dans nos annales musicales. Un seul grand concert fut donné à la Préfecture à la fin de mars 1810, en l'honneur de Marie-Louise, quand elle passa à Strasbourg pour épouser l'empereur Napoléon; mais il n'eut aucune valeur artistique. Cependant l'extension qu'avaient prise les matinées à l'hôtel du département, et le concours toujours croissant de ses auditeurs, obligèrent la société à transporter ses exercices dans un local plus vaste et surtout plus sonore. A dater de 1812, ces exercices eurent lieu dans la salle de la Moresse (la plus ancienne salle de concert, qui, depuis trente ans, n'avait plus servi à cet usage).

Quatre ans ayant calmé l'animosité du théâtre français contre le théâtre allemand, une troupe allemande vint nous donner des représentations pendant l'été de 1812. Mais le théâtre français, qui, depuis la dissolution de la société des actionnaires, avait toujours fait des pas rétrogrades, recula davantage encore dans sa voie routinière par l'effet du décret de l'empereur, daté du Kremlin 1812, et destiné à régler l'organisation des théâtres.

Ce décret, qui est encore en vigueur de nos jours, porta un grand préjudice à toutes les branches de l'art qui ne tenaient point aux théâtres. En le donnant, Napoléon voulait sans doute venir au secours de ceux-ci, qui depuis longtemps se trouvaient en état de souffrance; mais on ne peut se dissimuler qu'une même pensée d'arbitraire et de monopole présida à la rédaction de ce décret comme à presque tous les actes de l'empereur. C'était toujours l'habitude de sacrifier des intérêts à d'autres, au lieu de chercher à les concilier.

On ne lira peut-être pas sans intérêt quelques détails sur les dispositions de ce décret, qui n'est pas généralement connu.

Toute la surface de l'empire français fut divisée en circonscriptions ou divisions théâtrales, dont chacune comprenait plus ou moins de départements, suivant leur importance : Paris seul n'était point compris dans ces circonscriptions. Les villes assez grandes pour pouvoir entretenir à elles seules un théâtre permanent, formaient chaque fois une division, tandis que les villes plus petites dépendaient d'un chef-lieu, d'où le directeur privilégié avait seul le droit de leur envoyer des troupes partielles et d'y donner des représentations. C'est ainsi que la ville de Strasbourg formait à elle seule une division, tandis que Colmar dépendait de la direction de Besançon.

Le décret accordait de plus au directeur privilégié le droit de prélever le cinquième brut sur la recette de chaque concert, bal ou spectacle quelconque, et ce droit, qui, au premier abord, ne paraissait pas très-onéreux (puisque la faculté fut laissée au directeur de traiter par abonnement avec tous les entrepreneurs de spectacle, et de remplacer le cinquième par une somme fixe stipulée d'avance), devint bientôt une source de frottements continuels, qui finirent par mettre les directions théâtrales dans un état d'hostilité permanente avec tout ce qui se faisait hors du théâtre. Ainsi, sans rapporter un grand profit aux directions, le prélèvement de ce droit causa un tort incalculable à l'art musical, en assujettissant au caprice d'un directeur ou de son régisseur la moindre entreprise musicale publique.

Il en résulta que les entrepreneurs de concerts ou de bals cherchèrent pour la plupart à éluder ce droit par tous les moyens possibles, et que l'on finit par donner aux concerts la forme étroite et mesquine d'une réunion de salon, afin de les faire passer pour des assemblées particulières. Non-seulement par là l'art musical reçut une atteinte profonde, mais les théâtres eux-mêmes recueillirent la défaveur du public, surtout celle des dilettanti.

Aujourd'hui, si l'on veut considérer les théâtres de France, on ne pourra se dissimuler l'état de détresse dans lequel ils sont tombés pour la plupart, et que leur ruine totale est à craindre. C'est une vérité qui commence même à devenir banale comme l'inutilité des efforts tentés pour empêcher cette ruine imminente.

---

## CHAPITRE VI.

**Blocus de 1814. — La musique sous la restauration. — État du théâtre depuis la chute de l'empire jusqu'à l'ouverture de la nouvelle salle. — Translation des concerts de la Moresse à la Réunion-des-arts. — Dissolution de la société. — Origine des concerts à l'hôtel de l'Esprit. — Fondation du premier enseignement de musique.**

Après la campagne désastreuse de Leipzig en 1813, quand le territoire de la France était menacé d'invasion et notre ville de blocus, le bruit des armes paraissait devoir être notre seul concert. Il n'en fut pourtant pas ainsi : les exercices d'amateurs reprirent leur cours ordinaire au mois de novembre, et le blocus continua même à leur donner plus d'éclat, en en faisant de véritables concerts. En effet, toute notre bourgeoisie ayant été appelée sous les armes pour faire le service de la garde nationale, les matinées musicales furent dérangées par les nombreuses prises d'armes, et le comité de la société mit les exercices au samedi soir au lieu du dimanche matin. De plus, les cours de justice, les administrations et les autorités, qui s'étaient réfugiées de Colmar et des environs dans notre ville à l'approche de l'ennemi, y amenèrent des amateurs très-distingués. Ces deux circonstances firent de ces exercices des concerts brillants, qui ne furent jamais troublés ni par les sorties, ni par les attaques, et qui, malgré l'ennemi campé aux portes de la ville, continuèrent paisiblement leur cours jusqu'à la fin du mois de mars 1814.

L'abdication de l'empereur et le retour des Bourbons n'apportèrent aucun changement dans nos affaires musicales. Les concerts de la Moresse devinrent même plus brillants pendant les hivers de 1814 et 1815. Je ne parle pas d'un grand concert donné en l'honneur du duc de Berry, lors de son arrivée le 2 octobre 1814; car ce ne fut qu'un concert d'apparat, qui n'offrit rien de très-remarquable.

Le retour de Napoléon de l'île d'Elbe, en mars 1815, ne changea non plus rien à nos concerts, si ce n'est que quelques amateurs et artistes parurent avec la cocarde tricolore et qu'on y joua quelques morceaux qui dataient des fêtes de l'empire.

Le second blocus ayant été de peu de durée, les concerts recommencèrent avec la même activité à l'approche de l'hiver de 1815 à 1816. L'intérêt qu'ils inspiraient allait toujours en croissant, ainsi que le concours du public, et le soin que l'on donnait à l'exécution augmentait en même temps. C'est l'hiver de 1816 à 1817 qui fut le plus brillant. Jusqu'à cette époque, la partie vocale avait été remplie par des dilettanti; mais la mort ayant enlevé une des dames-amateurs qui était le principal soutien de ces concerts, le comité se trouva pour la première fois dans la nécessité de faire venir une cantatrice payée. Le choix tomba sur M.$^{me}$ Gley, dont la voix remarquable avait déjà été appréciée à Strasbourg une année auparavant. Le succès que cette habile cantatrice obtint dans le courant de cet hiver, justifia pleinement ce choix et donna à nos concerts une nouvelle extension, dont nous parlerons plus tard.

Les différentes exploitations théâtrales qui suivirent celle des actionnaires, eurent toujours moins de succès, et le premier blocus en augmenta les embarras. L'hiver qui suivit ce blocus fut des plus gai, il est vrai; mais vinrent ensuite ceux de 1815 à 1816, tristes par les désastres de Waterloo, et de 1816 à 1817, où régna la disette. Ils étaient peu faits pour favoriser la prospérité du spectacle; aussi la direction fut-elle forcée de suspendre sa gestion et la troupe obligée d'exploiter le théâtre à ses risques et périls.

Quoique l'année suivante remontât un peu les affaires du théâtre, elles baissèrent de nouveau pendant l'été de 1819 par la présence des frères Franconi, qui, en qualité d'écuyers privilégiés du Roi, pouvaient établir leur cirque où bon leur semblait, sans être soumis à aucune redevance envers le directeur. Le théâtre fut peu fréquenté cet été et resta entièrement fermé pendant le suivant. Alors une troupe allemande venant d'Augsbourg sous la direction de M. Schemenauer, profitant de la clôture du théâtre français, donna des représentations pendant l'été de 1820. Cette troupe, qui comptait quelques excellents sujets, surtout pour la tragédie et la comédie, obtint le suffrage du public. On essaya de la garder l'hiver suivant; mais le retour d'une troupe française vint s'y opposer.

On pourra juger de l'état de décadence dans lequel se trouvait alors le théâtre français, en apprenant qu'il fut obligé, pour la première fois depuis un temps immémorial, de baisser d'un quart le prix des places et presque de moitié celui des loges, et cette diminution si sensible n'y fit point revenir l'affluence.

Cependant une vogue extraordinaire lui revint en 1821, sans que le personnel de la troupe dirigée par M. Jausserand eût en rien changé. Cette vogue était due à l'ouverture de la nouvelle salle, qu'on avait mis plus de vingt ans à construire : c'est le 23 mai de cette année qu'elle fut livrée au public. La beauté de cette salle, la fraîcheur des décors et la nouveauté surtout attirèrent au théâtre une affluence inaccoutumée, qui dura presque une année.

L'hiver de 1816 à 1817 fut en concerts d'amateurs le plus brillant de tous nos hivers strasbourgeois. Le local de la Moresse étant à son tour devenu trop petit pour le nombreux concours des amateurs, les concerts subirent une seconde translation et se donnèrent de nouveau à la salle de la Réunion-des-arts, où toutes les mesures furent prises pour leur donner de la stabilité. Il se forma une société de membres-fondateurs, au nombre de trente-deux, dont chacun, moyennant un versement de cent francs, devenait copropriétaire du mobilier de la société, et avait droit à un abonnement pour lui et sa famille. On dressa un règlement qui devait fixer définitivement la position de la société, et tout semblait présager un avenir fécond à l'art musical, quand une circonstance particulière vint déranger tous ces beaux projets et amena la dissolution de cette société.

La cantatrice qui avait été engagée pour les exercices de 1817 à 1818, quoique possédant une excellente méthode, manquait de voix et se trouvait sujette à de fréquentes maladies ; ce qui nuisit souvent aux concerts et engagea les abonnés à refuser la seconde moitié de leur abonnement, qui n'avait pas encore été versée.

Il s'éleva des dissensions dans le sein du comité, et le nombre de concerts qui avait été promis ne put pas même être donné. Il y avait aussi déficit dans la caisse, et les difficultés inséparables de l'organisation d'un concert d'amateurs augmentèrent à un tel point, que le nombre de vingt-quatre concerts que la société avait habitude de donner dans le courant de l'hiver, fut réduit à six pour l'hiver suivant. C'est sur ce maigre pied que les exercices continuèrent encore pendant trois hivers.

Une société rivale s'était formée pendant l'hiver de 1819 à 1820 dans la salle qui est actuellement occupée par le café de la rue du Dôme; elle attira les principaux éléments de succès de l'ancienne société, de sorte que celle-ci, ne pouvant vaincre tant de difficultés, cessa ses exercices et fut dissoute au printemps de 1821, après une existence d'environ douze à treize ans. Une nouvelle société se forma des débris de celle-ci; mais avant d'en entretenir nos lecteurs, nous pensons leur faire plaisir en leur parlant de quelques concerts donnés par des artistes de passage qui ont exercé quelque influence sur l'action musicale de notre ville. Nous citerons d'abord ceux donnés, au mois de novembre 1820, par quatre chanteurs allemands, connus sous le nom de *chanteurs de Vienne*, qui faisaient entendre des quatuors sans accompagnement. Ce genre de musique était entendu pour la première fois à Strasbourg. Rendu avec un grand degré de perfection, il produisit un tel effet, que plusieurs sociétés de chanteurs se formèrent aussitôt pour l'exécution de quatuors de ce genre.

L'année suivante ce goût pour la musique vocale reçut une nouvelle impulsion par la création de deux enseignements de chant. Depuis plusieurs années il en existait déjà de semblables à Paris, qui avaient acquis une grande vogue, et le besoin d'un tel enseignement était vivement senti à Strasbourg.

M.<sup>lle</sup> Horbær fonda le premier au mois de novembre 1821, où elle introduisit la méthode de Galin, déjà suivie par M. Curie à Colmar. Dans le mois de décembre de la même année, le second fut ouvert sous la direction de MM. Baxmann et Langhans, où l'on suivait la méthode de Massimino, et plus tard celle de Wilhem. D'autres enseignements pareils se formèrent plus tard et prospérèrent également. Néanmoins il faut regarder l'enseignement de M. Baxmann comme le modèle de tous et comme ayant eu le plus d'influence sur les progrès de la musique en cette ville.

## CHAPITRE VII.

**Concerts de l'Esprit. — Leur translation à la Réunion-des-arts. — Leur fin. — Société de fanfares. — Fondation de l'académie de chant. — Fondation de l'école de violon. — Concerts du Vendredi-Saint au Séminaire protestant — Premier concert alsacien. — Fondation d'une école de piano.**

Les concerts de l'Esprit doivent leur origine à de modestes réunions musicales que formèrent MM. Laucher et Betz, professeurs de musique, dans l'unique but de stimuler le zèle de leurs élèves et de les habituer à l'exécution de la musique d'ensemble. On se réunissait, pendant l'hiver de 1820, tous les dimanches matin à onze heures, dans une des salles de l'hôtel de l'Esprit, pour exécuter de la musique d'ensemble instrumentale. L'auditoire, d'abord, ne fut composé que des familles des exécutants; plus tard on y fit entendre des morceaux de chant, et, par cette addition, le concert se trouva tout formé lors de la dissolution de la société de la Réunion-des-arts, et attira tous les amateurs qui se réunissaient là autrefois. Les membres de cette nouvelle société déployèrent de suite un grand zèle, et l'ensemble de leurs efforts aurait pu amener de beaux résultats pour l'art, si cet ensemble eût reçu une direction plus artistique. Mais un des statuts mêmes de la société était très-préjudiciable aux progrès de l'art, et malheureusement on ne s'aperçut de ce mal que lorsqu'il n'était plus temps d'y remédier. Je veux parler de la clause qu'aucun artiste ou professeur ne pourrait exécuter de solo dans les concerts. Cette défense était conçue dans les meilleures intentions du monde, et seulement pour diminuer la timidité des amateurs qui auraient pu être éclipsés par le talent des maîtres; mais elle fut très-nuisible à l'art en général. En effet, les professeurs exclus des concerts, et ne trouvant que peu d'occasion de se produire, s'exercent peu et leur talent diminue; puis, par l'absence des virtuoses dans les concerts, on perd aussi l'amour de l'imitation, et tel ou tel instrument qui n'est plus entendu, finit par tomber en oubli.

La société rivale qui s'était formée dans la rue du Dôme peu avant la dissolution des concerts de la

Réunion-des-arts, ayant transféré ses exercices à la salle de la Réunion quand l'ancienne société l'eut abandonnée, elle prit le nom de l'ancienne. Rien ne fut négligé pour donner à ses concerts le plus d'éclat possible : la salle fut repeinte, le mobilier restauré, et l'on fit venir une cantatrice, mais dont le talent était si médiocre, qu'il fut difficile à la nouvelle société de la Réunion-des-arts de lutter contre celle de l'Esprit, qui avait le grand avantage de n'avoir pas de cantatrice à payer, la partie vocale étant remplie par tout ce qu'il y avait de plus distingué parmi nos amateurs des deux sexes.

La concurrence de ces deux concerts, loin d'être profitable à l'art, lui devint au contraire préjudiciable, en amenant des dissensions de toute espèce.

D'un côté, il y avait une bonne salle, mais peu garnie; de l'autre côté, une salle peu sonore, mais toute remplie; d'un côté, la partie vocale était faible, mais l'orchestre bon; de l'autre côté, le chant était bon, mais l'orchestre faible. Il y avait des éléments suffisants pour d'excellents concerts, s'ils eussent été réunis; mais, séparés, ils ne produisirent que de médiocres. Néanmoins la nouvelle société de la Réunion-des-arts continua ses exercices jusqu'au printemps de 1823, où sa dissolution eut lieu. Une autre se reforma presque aussitôt dans le même local : elle se composait d'une réunion d'artistes qui continuèrent à peu près sur le même pied que l'ancienne société, à l'exception des solos d'instruments, qui furent pour la plupart exécutés par des artistes, et de la partie vocale, qui fut remplie par les acteurs du théâtre français. Cette société, qui avait pris le nom de *So-*

ciété d'amateurs à *la Réunion-des-arts, dirigée par les artistes,* ne donna des concerts que pendant deux hivers, après lesquels le local de la Réunion-des-arts fut abandonné de nouveau.

Le zèle qui avait animé la société de l'hôtel de l'Esprit, à sa formation, se soutint pendant longtemps; mais les exercices subirent quelques modifications. Dans la première année, ils se tenaient les dimanches matin à onze heures, et étaient au nombre de douze; dans la seconde année, ils furent réduits à huit et eurent lieu les lundis soir : alors, de simples matinées musicales ils devinrent des concerts en forme.

Le concours toujours croissant du public à l'hôtel de l'Esprit et l'insuffisance de la salle, qui, outre cela, était peu sonore, engagèrent le comité à donner les soirées à la salle de la Réunion-des-arts, et c'est au mois de novembre 1827 que le premier concert y eut lieu.

Malheureusement cette translation ne produisit pas le résultat espéré : il arriva à cette société ce qui était arrivé à ses devanciers, c'est que ce changement de local amena peu à peu sa dissolution.

Ce serait une grande erreur de croire qu'un local plus grand pût causer la ruine des concerts qui y sont transférés; mais ce qui devient la véritable cause de cette ruine, c'est qu'avec un plus grand nombre d'auditeurs, les exigences grandissent et surtout la critique, et une critique qui ne tient compte d'aucun effort, que rien ne peut désarmer, et qui, décourageant les amateurs, les force à se retirer ou les empêche à se présenter.

La difficulté de monter la partie vocale pour les

exercices de 1829 à 1830, à la Réunion-des-arts, engagea le comité à faire venir une cantatrice. Son choix fut malheureux, et cette circonstance, jointe à d'autres difficultés qui surgirent de toute part, amena la dissolution de la société, qui termina, après dix ans d'existence, ses exercices par un grand concert donné au profit des pauvres le 8 février 1830.

Nous avons dit plus haut que les concerts donnés par les artistes de passage ont parfois exercé une grande influence sur l'action musicale de notre ville. C'est ainsi que les concerts donnés par les chanteurs viennois avaient fait naître différentes sociétés de quatuors de voix, et que ceux donnés en 1827 par le corps de musique d'un régiment bavarois en garnison à Landau, firent naître plusieurs sociétés de fanfares. C'était pour la première fois qu'un orchestre composé exclusivement d'instruments de cuivre était entendu dans cette ville. Les différents morceaux, exécutés avec un ensemble rare et sous la direction d'un chef habile, M. Kress, produisirent tant d'effet, qu'il se forma aussitôt une nombreuse société de fanfares, dont l'utilité ne fut bien appréciée que beaucoup plus tard.

Les sociétés de quatuors de chant qui s'étaient formées se réunirent pour organiser un chœur, qui s'enrichit ensuite des voix d'un certain nombre de dames priées d'y prendre part; et c'est ainsi que la première académie de chant se trouva montée. Cette académie eut des statuts; elle se réunissait en séances régulières tous les quinze jours, le dimanche à onze heures, d'abord à la salle de l'Esprit, six mois plus tard à la petite salle de la Réunion-des-arts, et au commencement de 1828 à l'Hôtel-de-ville, où M. de Kentzinger, alors maire, lui assigna un local.

Cette institution, très-belle dans son origine, n'aurait pas manqué de porter d'heureux fruits, si elle eût été dirigée avec cet esprit artistique qui anime les réunions du même genre connues en Allemagne sous le nom de *Singvereine* (réunions de chant). Mais dès le principe il lui manqua l'unité de vue nécessaire dans le choix des morceaux à étudier : on changeait sans discernement et de genre et d'auteur, et par là on diminua l'intérêt et le plaisir des participants, qu'on avait dessein d'augmenter.

L'utilité de cette académie de chant fut cependant bientôt reconnue; car, sans elle, il eût été impossible d'exécuter, avec la pompe nécessaire, le grand *Te Deum* qui fut chanté à la Cathédrale à l'arrivée du roi Charles X, le 7 septembre 1828. Quelques années plus tard, elle contribua essentiellement aussi à l'exécution du premier concert alsacien.

Depuis longtemps le manque d'un bon professeur de violon, également capable de bien enseigner et de bien exécuter, était vivement senti à Strasbourg. Cet instrument, qui est sans contredit le plus indispensable dans la composition d'un orchestre, était précisément celui qui laissait le plus à désirer depuis un certain nombre d'années, et l'absence de talents suffisants empêchait l'exécution de grandes symphonies ou autres compositions du même genre.

M. de Kentzinger, que nous avons déjà nommé, s'occupa à remplir cette lacune, et en 1827 il fonda une école de violon, où l'instruction gratuite se donnait à des jeunes gens sans fortune, qui manifesteraient des dispositions particulières pour cet instrument. Ce fut M. Jupin, élève de Baillot, qui fut attaché en qualité de professeur à cette institution.

L'arrivée de ce jeune artiste distingué ne tarda pas à avoir une influence qui se montra non-seulement dans les grands concerts, mais aussi dans les sociétés particulières. On pouvait espérer par ses soins de voir croître une pépinière de jeunes violonistes capables de remplir les lacunes de nos orchestres. Mais malheureusement nos affaires musicales étaient en trop mauvais état pour seconder, comme il l'eût fallu, les efforts du jeune professeur, et il est à remarquer qu'il en est toujours de même, et que toutes les tentatives faites pour l'amélioration de notre état musical n'ont jamais qu'un succès passager.

Cependant l'académie de chant, en exercice depuis deux hivers, portait quelques bons fruits. Une partie de l'*Oratorio* de Schneider, *Das Weltgericht* (le jugement dernier), qu'on y avait étudiée, donna lieu à l'exécution d'un grand concert spirituel à l'Auditoire du Temple-Neuf, le jour du vendredi saint de l'année 1829.

Quelques mots sur le motif de ce concert ne seront pas inutiles.

Longtemps avant la révolution de 1789, les élèves du séminaire protestant de Saint-Guillaume donnaient tous les ans, le vendredi saint, un concert spirituel au profit de l'établissement. Une longue habitude avait consacré cet usage et en avait fait une espèce de solennité à laquelle la partie protestante de notre population payait volontiers son tribut. Cet usage reprit son cours, mais moins régulièrement qu'auparavant, après la terreur, jusqu'en 1812. Alors quelques scènes de désordre qui accompagnèrent l'un des derniers concerts, et plus tard la proximité du théâtre de la guerre, les firent cesser. Quelques années après, des concerts spirituels recommencèrent le vendredi saint; mais ils n'étaient que l'entreprise particulière de quelques artistes, qui les donnaient à leur propre profit.

En 1829, M. KERN, alors président de l'académie de chant, entreprit de relever les anciens concerts spirituels, et parvint à en organiser un grand au profit des enfants protestants de l'établissement du Neuhof.

On y exécuta entre autres la première partie de l'*Oratorio* du *Weltgericht* avec un personnel de près de cent exécutants, dont au moins soixante chanteurs. Ce bel ouvrage, rendu avec beaucoup de précision et de chaleur, produisit sur l'auditoire un effet profond, et c'est à cette circonstance qu'on a dû le grand concert alsacien donné un an plus tard.

Depuis quelque temps l'idée d'un tel concert préoccupait plusieurs de nos amateurs de musique. Les grandes réunions musicales de la Suisse, de l'Allemagne, et notamment de la Prusse rhénane, pendant ces vingt dernières années, avaient trouvé du retentissement et de l'imitation dans presque toute l'Europe musicale : en France seulement ces réunions étaient encore inconnues; car celles qui avaient eu lieu à Lille, à Douai, ou dans quelques autres villes du Nord, sous le nom de *Festivals*, étaient moins des concerts d'ensemble que des concours où chaque corps de musique se faisait entendre séparément. A Strasbourg était réservé l'honneur d'en donner l'exemple à la France, en réunissant tous les musiciens de l'Alsace.

A peine l'idée d'un grand concert alsacien avait-elle été jetée dans le public, qu'elle électrisa tous nos amateurs de musique à un tel point qu'il y eut une véritable lutte pour entrer dans le comité chargé de l'organiser : on ne se doutait pas alors quelle tâche épineuse on s'imposait.

Dès le commencement du mois de novembre 1829, le comité, au nombre de douze membres élus au scrutin, déploya un zèle remarquable, et grâce aux écoles de musique et à l'académie de chant, après environ six mois de préparatifs et de répétitions, les deux concerts, dont se composa la première fête musicale, eurent lieu à la salle de spectacle les lundi et mardi de Pâques, 12 et 13 avril 1830. L'élite des artistes et amateurs de musique des deux départements concourut à son exécution.

Le succès fut complet, l'impression profonde, le public dans le ravissement, et tout semblait alors présager une nouvelle vie à la musique à Strasbourg et dans toute l'Alsace.

Les principaux amateurs des deux départements se réunirent le lendemain du premier concert à l'Hôtel-de-ville, pour y discuter et arrêter définitivement un projet de règlement pour toutes les futures entreprises musicales de ce genre.

Il fut arrêté d'abord que les trois villes de Strasbourg, de Colmar et de Mulhouse, alterneraient pour donner tous les ans un grand concert alsacien. Les amateurs de Colmar conçurent même l'idée de faire construire par actions un grand bâtiment, qui servirait à la fois pour le Casino et pour les concerts. Mais la révolution de juillet vint arrêter ces beaux projets, la politique s'empara de toutes les têtes, et le concert alsacien eut le sort de ces brillants météores, qui, après leur disparition, rendent la nuit plus obscure.

Parmi les établissements d'art que l'année 1830 vit éclore, nous devons rendre compte de l'école de piano fondée par M. J. N. Jauch, professeur de musique à l'école normale de notre département. Depuis quelque temps il s'était formé dans différentes villes d'Angleterre et d'Allemagne, des écoles de piano, où un grand nombre d'élèves pouvaient être instruits à la fois d'après la méthode de Logier.

Strasbourg ne pouvait rester en arrière de ce mouvement, et M. Jauch entreprit de monter une école pareille, qui fut ouverte au mois d'avril 1830, et obtint de suite un grand succès.

Lors même qu'on pourrait reprocher à ces écoles des imperfections de différente nature, encore faudrait-il convenir que, pour rendre un élève musicien et pour lui donner de l'aplomb, elles offrent des ressources que l'enseignement particulier ne possède pas au même degré. A cet avantage s'en joint encore un autre, qui est grand de nos jours, celui de la modicité du prix. Depuis les dix ans que cette école existe, elle a déjà fourni un bon nombre de jeunes pianistes, et beaucoup contribué à la propagation de l'art du piano dans les différentes classes de la société.

## CHAPITRE VIII.

**État de la musique après la révolution de juillet. — Musique de la garde nationale. — Concert pour l'arrivée du Roi. — Fondation de la caisse d'éméritat.**

La révolution de juillet, qui a ébranlé l'ordre politique en France dans ses plus profondes bases, devait avoir aussi son influence sur la musique. Elle produisit une stagnation complète dans toutes les entreprises artistiques, et si le goût de l'art ne fut pas éteint tout à fait, il ne se laissa plus voir du moins que dans la musique militaire. La formation de la garde nationale fut rapide et complète, et sa musique, qui s'organisa en même temps, donna une nouvelle preuve de toute notre richesse en éléments musicaux.

Lorsque, après la grande époque de 1789, la garde nationale fut établie, notre milice bourgeoise forma une seule légion, composée de sept bataillons, distingués par la couleur de leurs pompons. Cette légion eut un seul corps de musique, composé presque exclusivement d'artistes salariés; son organisation se conserva jusque sous l'empire. Quand on forma une garde d'honneur pour l'arrivée de l'empereur en 1805, la musique de la garde nationale devint celle de cette garde nouvelle, sans rien changer à son organisation et même à son uniforme, sinon que les bottes à revers furent échangées contre des bottes à l'écuyère, et qu'un grand plumet blanc fut attaché aux chapeaux.

La musique de la garde d'honneur redevint celle de la garde nationale, quand un décret impérial appela sous les armes tous les gardes nationaux de France, après la retraite de Leipzig. Elle continua ce service jusqu'au licenciement de la garde nationale en 1817. Mais durant le second blocus, une société d'amateurs avait formé une musique particulière au bataillon d'artillerie.

L'enthousiasme qui, en 1830, saisit tous les Français à la vue du drapeau tricolore, n'avait pas laissé plus froids que les autres nos amateurs de musique. Au moyen de la réunion des différentes sociétés de fanfares, une musique complète fut formée comme par enchantement, et précéda le bataillon d'artillerie à la première parade, le dimanche 8 août 1830. Ce corps de musique n'avait à cette occasion pour uniforme que le frac noir et le pantalon blanc.

Peu de temps après, les quatre bataillons de la légion de Strasbourg eurent chacun leur musique particulière : il en fut de même de l'escadron de cavalerie et du bataillon *extra muros*.

Cet enthousiasme aurait puissamment aidé aux progrès de la musique, s'il eût été dirigé dans un esprit plus artistique. Mais malheureusement il ne le fut que dans un esprit révolutionnaire, qui fit exhumer tous les vieux airs de la république, dont quelques-uns étaient détestables, musicalement parlant, comme l'air du *Ça-ira*, ou celui : *On lui va percer le flanc, flanc, flanc,* etc., que l'on jouait surtout dans les grandes occasions, comme, par exemple, aux anniversaires des journées de juillet.

Les différents corps de musique rivalisèrent de zèle pour faire des répétitions régulières une fois par semaine. Mais ce zèle ne se soutint que pendant deux hivers; peu à peu plusieurs des amateurs les plus distingués quittèrent leur corps de musique pour rentrer dans leurs compagnies respectives, les répétitions ne furent plus que disciplinaires, et l'ordonnance du Roi, en juillet 1834, mit fin en même temps à la garde nationale et à sa musique.

Néanmoins un bon nombre d'amateurs ont continué les répétitions en forme de réunions particulières, et si la garde nationale venait à être réorganisée, rien ne serait plus facile que de rétablir aussi sa musique.

Les nombreuses émeutes qui naquirent de la révolution de juillet, n'étaient pas faites pour favoriser les arts, et quoique l'esprit calme et sage de la majorité de nos concitoyens ait préservé notre cité de ce fléau, le retentissement de celles de Paris sembla avoir glacé, durant l'hiver de 1830 à 1831, tout enthousiasme musical; un seul concert à grand orchestre fut donné au profit des pauvres, à la salle de l'Hôtel-de-ville, le dimanche 23 janvier 1831, à onze heures du matin. On y exécuta l'introduction du *Sacrifice interrompu* de Winter et le *Christ au mont des Oliviers* par Beethoven. A ce concert et aux exercices d'élèves près, donnés par nos professeurs, la musique fut entièrement interrompue jusqu'au mois de juin 1831, époque à laquelle Louis-Philippe vint à Strasbourg. Cette circonstance semblait lui rendre quelque vie. M. de Champlouis, alors préfet, conçut l'idée de préparer un grand concert alsacien en l'honneur du Roi, qui devait arriver le 18 juin. A peine l'appel avait-il été fait à nos amateurs de musique, qu'un personnel de plus de 300 exécutants se trouva réuni comme par une espèce de féerie, pour ce concert, dont la première grande répétition eut lieu au bout de huit jours.

Le temps ne permettant pas de monter un ouvrage nouveau, on reprit l'une des trois parties de l'*Oratorio* de Schneider, le Jugement dernier, exécuté avec un si brillant succès au concert alsacien. On la faisait précéder de l'ouverture d'Obéron. Bien qu'un très-grand zèle eût présidé à son organisation, et que les répétitions eussent été faites avec beaucoup de soin, l'effet qu'on s'était promis de ce concert fut loin de répondre à l'attente générale. Ce défaut de succès provint de quelques circonstances imprévues, et surtout du retard qu'éprouva l'arrivée du Roi, qui n'avait permis de commencer le concert qu'à 11 heures du soir ; heure à laquelle tout le monde était fatigué d'attendre et prêt à s'endormir, et ce concert, qui s'était annoncé sous de si brillants auspices, n'offrit qu'une pâle copie du premier concert alsacien. Néanmoins il eut un résultat très-favorable au bien-être des artistes. En effet, la recette ayant été très-abondante, il resta encore, tous frais payés, une somme de près de onze cents francs, que quelques membres du comité conçurent l'idée de réunir à une autre provenant de la souscription en faveur du jeune Salomon Waldteufel, pour fonder une caisse de secours au profit des artistes-musiciens infirmes et de leurs veuves et orphelins. Ce jeune Salomon, violon extraordinaire pour son âge, avait obtenu un grand succès au premier concert alsacien ; ce qui avait engagé un assez grand nombre d'amateurs à se cotiser et à réunir des fonds, pour l'envoyer à Paris, y cultiver ses dispositions extraordinaires sous la direction d'un grand maître. Seize cents francs avaient été recueillis pour cet objet, quand une longue et douloureuse maladie vint terminer ses jours à l'âge de dix-huit ans, aux grands regrets de sa famille et de ses nombreux amis. Quatre cents francs, pris sur la souscription, avaient été employés pour le soulager pendant sa maladie, et ce sont les douze cents francs restants qui furent réunis au produit du concert du Roi pour former la première mise de fonds nécessaire à l'œuvre philanthropique dont nous venons de parler.

Comme ce fonds eût été insuffisant, on fit un appel aux amis de l'art et aux âmes charitables, et nos concitoyens, toujours prêts à seconder tout ce qui est vraiment utile, y répondirent si bien que, malgré tous les sacrifices qu'on venait de faire à l'occasion du passage des malheureux Polonais, une somme de près de cinq cents francs par an fut assurée par des souscriptions annuelles.

C'est ainsi que se forma la société pour les artistes émérites et infirmes, dont la première assemblée générale eut lieu le 29 avril 1832 à la salle de l'Hôtel-de-ville.

L'état financier de la société prospéra si bien, qu'au bout de sept ans d'existence son capital se trouva quintuplé. De toutes les nombreuses associations philanthropiques qui ont pris naissance dans notre ville, aucune n'avait, peut-être, présenté un accroissement aussi rapide.

Déjà avant la révolution de 89, une semblable société avait existé à Strasbourg, et avait déposé ses fonds au *Pfennig-Thurm*, établissement qui formait alors une espèce de caisse d'épargne; cependant elle différait de la société actuelle, en ce que ses fonds ne provenaient que de la cotisation des artistes mêmes, tandis que de nos jours ils sont dus principalement à la générosité des membres honoraires.

## CHAPITRE IX.

**Vote du Conseil municipal en faveur de l'orchestre du théâtre. -- Théâtre allemand sous la direction de M. Bodé. -- Son expulsion. -- Fondation de la Société philharmonique.**

Une époque plus calme ayant succédé à la première année de la révolution de juillet, les Autorités locales purent s'occuper d'autre chose que de politique; or, depuis longtemps un objet avait vivement préoccupé nos amateurs de musique, et provoqué bien des démarches inutiles : c'était l'amélioration de l'orchestre de notre théâtre, qui présentait tous les symptômes d'une décadence complète, après avoir été autrefois si brillant et si florissant. Tous les ans son existence était compromise, et sa composition diminuait en valeur artistique. Abandonné à la cupidité des entrepreneurs de spectacle, cet orchestre était engagé au rabais au renouvellement de chaque année théâtrale; ce qui ne pouvait que jeter de la déconsidération sur ces artistes et éloigner de Strasbourg ceux qui ne voulaient pas soumettre leur existence au bon plaisir du directeur ou de son régisseur. Non-seulement les appointements des artistes étaient diminués de temps à autre, mais leur besogne augmentait d'année en année en raison inverse de leurs salaires, et cette exigence était venue à un tel point qu'il était impossible à beaucoup d'entre eux de faire autre chose que le service du théâtre. En vain pendant longtemps des personnes zélées pour l'art avaient réuni leurs efforts pour obtenir que l'Autorité locale intervînt, et lui avaient proposé différents plans, dont le plus exécutable semblait être que la ville prît à sa solde l'orchestre du théâtre, en remplacement de la subvention qu'elle accordait tous les ans au directeur.

Il était réservé à M. Frédéric de Türckheim, maire, de réaliser cette amélioration, objet de tant de vains efforts.

Ce magistrat, toujours empressé de venir au-devant des vœux de ses concitoyens, fit partager au Conseil municipal ses vues réparatrices, et sur sa proposition ce dernier vota la somme de vingt mille francs, pour être employée au payement d'un orchestre stable, dont la surveillance fut confiée à un comité composé des principaux artistes et amateurs de la ville.

Cette innovation, objet des vœux du public musical, fut reçue avec joie, parce qu'elle était non-seulement un gage de stabilité pour les artistes, mais encore un nouveau moyen de succès pour l'art. Mais cette joie fut de courte durée; car le préfet, M. Choppin d'Arnouville, ne partageant point les vues de M. de Türckheim, refusa d'avance son approbation au vote du Conseil; le maire fut forcé d'ajourner son projet à l'année suivante, et les choses restèrent dans l'ancien état.

Non-seulement tout espoir d'amélioration pour notre orchestre fut anéanti par ce refus, mais il empira l'état de nos affaires théâtrales, en faisant naître dans le Conseil municipal une disposition peu favorable à toute nouvelle tentative. Ses effets fâcheux ne se firent pourtant sentir que plus tard.

L'hiver de 1831 à 1832 fut stérile en entreprises musicales. Une société d'amateurs voulut cependant fonder de son côté une caisse de secours pour les artistes musiciens infirmes. Elle entreprit pour cela un abonnement de quatre concerts au foyer du théâtre; mais ses moyens d'exécution, trop restreints, ne purent attirer le public, et malgré ses louables intentions le petit nombre de ses abonnés ne permit aucun résultat, et la société fut contrainte de cesser ses exercices à la fin de l'hiver.

L'été suivant s'annonça sous des auspices plus favorables. Une excellente troupe lyrique allemande arriva sous la direction de M. Bodé, et commença ses représentations le 6 mai 1832 par l'opéra de Fidélio de Beethoven. Malheureusement le directeur avait eu la maladresse d'ouvrir son spectacle avec une troupe incomplète. Privée de ses premiers sujets, elle fut accueillie avec froideur. Bientôt la chaleur de la saison s'unit à la froideur du public, et écarta du spectacle ses plus intrépides amateurs.

L'arrivée des premiers sujets avait un peu ramené les auditeurs. Ce ne fut pourtant qu'avec de grands efforts que le directeur parvint à réunir un public, et que deux mois plus tard l'excellence de cette troupe fut généralement reconnue et appréciée à la représentation du Guillaume Tell par Rossini, qui mit en saillie tout le mérite des chanteurs.

L'enthousiasme avec lequel ce chef-d'œuvre de l'illustre maëstro fut accueilli, engagea beaucoup de nos amateurs à faire des démarches auprès de l'Autorité locale pour obtenir le séjour permanent de l'opéra allemand. M. de Türckheim fit tous ses efforts pour amener un arrangement entre les deux directeurs français et allemand, par lequel le premier devait exploiter la comédie, le drame et le vaudeville, tandis que l'autre resterait en possession de faire jouer l'opéra.

Cette combinaison satisfaisait à la fois toutes les exigences de nos amateurs de musique, ainsi que celles de notre position politique comme ville française; elle eut l'approbation générale, sauf celle d'une assez faible minorité, composée en partie d'étudiants de l'Académie, qui demandaient à grands cris le rétablissement de l'opéra français et l'expulsion de la troupe allemande. Le préfet, M. Choppin d'Arnouville, fut de l'avis de cette minorité; il intima au directeur allemand l'ordre de suspendre ses représentations et de quitter la ville. Cependant le traité passé entre M. Bodé et le directeur français, M. Deville, ayant déjà eu un commencement d'exécution, le premier demanda dommages-intérêts pour la rupture de ce traité, et le tribunal de commerce, faisant droit à sa plainte, condamna M. Deville à lui payer la somme de 10,000 fr.; mais M. Bodé, poussé autant par ses propres acteurs que par quelques mauvais conseils, renonça au bénéfice de ce jugement, et consentit à un arrangement à l'amiable, d'après lequel il obtint la faculté de donner encore trois représentations pour remplir ses engagements envers ses acteurs. C'est alors que le chef-d'œuvre de Meyerbeer, Robert-le-diable, nous fut donné pour la première fois. La belle exécution de cet opéra par les sujets les plus distingués que troupe allemande eût jamais réunis, ne fit qu'augmenter les regrets de tous nos amateurs, qui virent avec douleur s'évanouir pour la musique un avenir plus brillant.

La clôture du théâtre allemand eut lieu au commencement du mois d'août, et ce ne fut que six semaines plus tard que commencèrent les débuts de la troupe française, dont la composition était tellement médiocre que le spectacle resta entièrement désert. Le directeur fut obligé de résigner sa gestion et d'en abandonner l'exploitation aux acteurs eux-mêmes, qui ne parvinrent qu'avec la plus grande peine à atteindre la fin de l'année théâtrale.

Alors l'abandon du spectacle et le besoin d'entendre de la bonne musique firent fonder une société philharmonique. Depuis trois ans nous n'avions plus eu de concerts réguliers. M. Jupin, notre habile professeur de violon, entreprit d'en monter un, et devint aussi fondateur de cette société. On parvint à réunir cent deux actionnaires, à quarante francs par action, qui garantirent les fonds nécessaires aux dépenses de la société. La gestion et l'organisation des concerts fut confiée à un comité composé de sept membres, élus par l'assemblée générale des actionnaires; le nombre des concerts fut fixé à six, et leur ouverture au 26 novembre 1832.

Jamais concert ne s'était annoncé sous des auspices aussi favorables; jamais le public ne s'était montré composé d'une société aussi choisie. Tout semblait devoir aller au mieux, quand l'esprit de critique, qui malheureusement n'a que trop pris racine chez nos concitoyens, vint paralyser tous les efforts entrepris pour le rétablissement d'un concert permanent. Le programme des six concerts ne put être formé qu'avec peine, parce que cette critique exagérée éloigna les amateurs timides, et comme elle allait en grandissant, elle rendit impossible au comité de continuer ses exercices au delà du deuxième hiver. Le dernier concert de la société eut lieu le 10 mars 1834.

## CHAPITRE X.

**Théâtre allemand sous la direction de M. Weinmüller. — Régénération du théâtre français par M. Brice. — Musique à la Cathédrale pour la mort du général Lafayette. — Deuxième concert alsacien. — Projet d'un athénée musical. — Introduction du chant dans les écoles communales.**

Malgré l'échec éprouvé par M. Bodé, une nouvelle troupe allemande, sous la direction de M. Weinmüller, se présenta l'année suivante, et comme celle de M. Bodé, elle commit la grande faute d'ouvrir son spectacle dans un état incomplet, et quelque soin qu'eût mis plus tard M. Weinmüller à réunir un excellent personnel de choristes et à recruter les meilleurs sujets de la troupe de M. Bodé, son entreprise ne fut pas plus heureuse que celle de ce dernier, et eut de plus à lutter contre l'influence d'un printemps magnifique, qui, durant les deux mois qui lui avaient été accordés pour ses représentations, éloigna le monde du théâtre. Après le départ de M. Weinmüller, une troupe de tragédiens et de comédiens français, sous la direction de M.<sup>me</sup> Corrège, vint donner des représentations pendant le mois de juillet : elle renfermait quelques excellents sujets; mais elle aurait également fait de mauvaises affaires, si mademoiselle Mars ne fût venue à son secours.

Après la déconfiture du directeur privilégié de l'année précédente, personne ne voulait se charger de la direction du théâtre. Cependant, dans le courant de l'été, M. Brice, ancien premier ténor de l'opéra français à Saint-Pétersbourg, arriva ici, et prit la direction à des conditions même peu engageantes. Le Conseil municipal, mal disposé par suite de la mauvaise tournure qu'avaient prise nos affaires théâtrales, refusa pour la première fois la subvention qu'on donnait annuellement au directeur de spectacle. Il supprima même la place de M. Jupin, comme professeur à la classe de violon, fondée naguère par la ville, et nous étions sur le point de perdre cet habile artiste, si M. de Türckheim ne fût parvenu à rétablir cette place, en y joignant celle de chef d'orchestre du théâtre : 3000 francs furent alloués pour ces deux fonctions réunies, dont 1800 francs donnés par la ville, et 1200 francs à fournir par le directeur du théâtre.

Privé de toute autre subvention qu'une partie du traitement du chef d'orchestre, M. Brice commença néanmoins ses représentations le 25 août 1833 par l'opéra d'Auber, *le Serment*, et fit preuve aussitôt d'habileté comme directeur et comme homme de l'art. Il avait réuni d'excellents sujets pour les premiers emplois, et recruté ses choristes parmi ceux de la troupe allemande de M. Weinmüller. L'orchestre, augmenté dans son personnel, avait repris de la vie sous la direction de M. Jupin, qui déploya beaucoup d'habileté dans des fonctions dont il s'acquittait pour la première fois, et le théâtre parut comme régénéré. Les représentations furent très-suivies pendant la première année de M. Brice. Il n'en fut pas de même pendant la seconde.

La maladie et la mort de Madame Brice, qui remplissait l'emploi de première chanteuse, et un esprit d'économie mal entendu, fut cause que la troupe de la seconde année se trouva bien inférieure à celle de la première. Le spectacle en fut moins suivi, les recettes diminuèrent, et M. Brice n'ayant pu achever la troisième année, on était encore sur le point de se trouver sans spectacle au milieu de l'hiver de 1835 à 1836, quand M. Carmouche arriva pour se charger de la direction.

Depuis la cessation des concerts philharmoniques, aucun autre n'avait pu se former. Découragé par les nombreuses tracasseries qui accompagnent l'organisation des concerts d'amateurs, le comité de la société philharmonique avait renoncé à continuer ses exercices réguliers, et s'était borné à donner deux concerts pour les pauvres pendant l'hiver de 1834 à 1835.

L'été de 1834 fut néanmoins marqué par une grande solennité musicale. Le 12 juin on exécuta le *Requiem* de Mozart dans la Cathédrale, pour le service funèbre du général Lafayette. Une société d'artistes et d'amateurs s'était réunie pour rendre un dernier hommage à ce grand citoyen par l'exécution de la dernière composition de l'immortel Mozart, dont les frais furent couverts par une souscription volontaire. Ce fut une bien grande jouissance que celle d'entendre cette belle composition, exécutée sous les voûtes majestueuses de notre magnifique Cathédrale par un orchestre nombreux et un personnel de chant composé des amateurs les plus distingués! — Cette jouissance fut d'autant mieux sentie, que ce *Requiem* n'avait été entendu à Strasbourg que quatre fois dans l'espace de près de trente ans. La première fois ce fut en 1806, au Temple-Neuf, pour la mort de M. Dorn, chantre de cette église; la seconde à la Cathédrale, en juin 1810, pour le service funèbre du maréchal Lannes; la troisième, aussi à la Cathédrale, le 21 janvier 1815, pour le premier anniversaire de la mort de Louis XVI célébré en France, et la quatrième, pour l'occasion dont nous venons de parler. Une œuvre comme ce *Requiem* ne fait que plus sentir le triste état où l'art est tombé de nos jours, où l'air varié, le pot-pourri, la romance et le nocturne semblent s'être ligués pour éloigner tout ce qui n'est pas de ce genre.

L'impression produite dans le public par la première fête musicale en 1830 avait été trop profonde, même sur les moins accessibles aux jouissances de l'art, pour qu'ils n'en désirassent pas le renouvellement; malheureusement les peines qu'elle avait coûtées avaient effrayé pour longtemps ceux de nos amateurs et artistes capables d'en monter une seconde, et plusieurs essais tentés à cet effet échouèrent promptement. Enfin, vers l'hiver de 1835, une époque qui s'approchait parut propice pour recommencer une pareille œuvre: c'était la fête séculaire de l'invention de l'imprimerie par Gutenberg, qui devait se célébrer en 1836.

Aussitôt que l'idée en eut été jetée dans le public, un empressement général l'accueillit, et vint au-devant des efforts du comité nommé pour l'organisation du concert.

Les répétitions et préparatifs durèrent près de six mois, quoique poussés avec beaucoup d'ardeur, et comme mainte expérience avait été faite lors du premier concert alsacien, beaucoup de peines et d'erreurs purent être évitées pour le second. Le zèle n'était pas moins grand qu'en 1830.

Tout semblait donc présager un succès certain à cette seconde fête musicale, qui eut lieu les lundi et mardi de Pâques, 4 et 5 avril 1836; mais ce succès ne répondit pas à l'attente générale. Malgré la bonne exécution du premier jour, l'effet en général fut inférieur à celui de 1830. Le public resta froid, et il faut l'attribuer principalement à la disposition du programme, qui, quoique formé de trois compositions de maîtres d'un mérite incontestable, offrait un assemblage sans unité et sans esprit d'ensemble.

Le premier concert, réservé à la musique ancienne, commença par l'ouverture d'Iphigénie en Aulide, de Gluck, à laquelle succéda l'*Oratorio* de Jephté, de Hændel, et fut terminé par la scène d'Orphée, de Gluck. De ces trois compositions la plus importante était, sans contredit, celle de Hændel, et c'est précisément celle qui produisit le moins d'effet. Ce bel *Oratorio* qui, à lui seul, aurait dû remplir tout un concert, avait été tellement gâté par des coupures, qu'au lieu de trois heures nécessaires à son exécution, il ne dura que cinq quarts d'heure.

Le comité, déterminé par la peur d'ennuyer le public, avait jugé convenable de retrancher toutes les fugues, à l'exception de la fugue finale; or, retrancher les fugues d'une composition de Hændel, c'est en enlever les principales beautés ; car le génie de ce compositeur s'élève surtout à son plus haut essor dans les chœurs fugués.

Le second concert, destiné à être un concert mixte de musique de différents genres, réussit mieux, et la symphonie de Spohr, *Die Weihe der Töne* (l'origine des sons), fit surtout beaucoup d'effet.

L'enthousiasme produit par cette seconde fête, quoique inférieur à celui qu'inspira la première, avait été assez vif pour donner l'espoir de voir l'art musical reprendre une vie nouvelle, et d'obtenir la création d'un établissement durable, destiné à entretenir le goût de la musique. Mais ce double espoir fut trompé pour la seconde fois! — Le projet d'un athénée musical, que le comité du concert alsacien, uni à d'autres amateurs, avait voulu fonder, échoua en naissant.

Ce projet, qui paraissait très-beau au premier abord, était formé peut-être sur une échelle trop grande, et embrassait des dispositions trop vagues et trop difficiles à réaliser. Toutefois on ne peut que louer l'intention et le zèle de ceux qui l'avaient conçu.

Voici comment quelques-unes des principales dispositions de ce projet avaient été formées :

*Article* 1.$^{er}$ Le but de l'athénée est d'offrir aux sociétaires un centre de réunion pour l'étude et l'exercice de la musique instrumentale et vocale; réunion à laquelle pourront être jointes d'autres branches d'études artistiques et littéraires.

*Art.* 2. L'athénée sera établi à la Réunion-des-arts, qui sera prise à bail aux frais de la société. Le local sera convenablement restauré et mis à la disposition des sociétaires depuis le 1.$^{er}$ novembre jusqu'au 31 mars, les lundis, mercredis et samedis de chaque semaine, de deux à onze heures du soir.

*Art.* 3. Les affaires de la société seront gérées par

un comité de dix-huit personnes nommées par voie d'élection.

*Art.* 7. Les lundis seront exclusivement réservés à l'exercice de la musique; toutefois le comité pourra décider que des répétitions plus fréquentes auront lieu. Lorsque les morceaux mis à l'étude auront atteint le degré de perfection nécessaire, ils serviront à monter des concerts, dont le nombre est fixé au moins à trois.

*Art.* 10. Lorsqu'un artiste étranger voudra donner un concert à son profit, le comité pourra lui accorder la salle, et même disposer en sa faveur d'un des jours où l'athénée est ouvert aux souscripteurs.

*Art.* 11. Indépendamment des exercices de musique et des concerts, quatre bals seront donnés dans le courant de l'hiver.

*Art.* 12. Des cours particuliers d'harmonie, des séances littéraires et d'autres pourront aussi avoir lieu; mais avec l'autorisation du comité. L'entrée sera de droit gratuite pour les sociétaires.

*Art.* 14. Enfin, si plus tard la société des amis des arts ou toute autre réunion artistique ou littéraire voulait se réunir à la société, le comité sera libre d'accepter ou de refuser, d'arrêter tels arrangements qu'il jugera utiles à l'établissement qu'il représente; ainsi il pourra disposer du local pour des expositions d'arts ou d'industrie, et concourir en général à toutes les entreprises ayant un but d'utilité et d'agrément.

*Art.* 18. Pour couvrir les frais de restauration de la salle et d'entretien, trois séries de souscriptions sont ouvertes pour un, deux ou trois ans, d'après le tarif suivant :

|              | Pour 1 an. | Pour 2 ans. | Pour 3 ans. |
|---|---|---|---|
| Un cavalier, | 24 fr.     | 38 fr.      | 52 fr.      |
| Une dame,    | 18 fr.     | 28 fr.      | 38 fr.      |

On peut voir par cet aperçu le but réellement large et grand de cet athénée, qui aurait offert aux sociétaires des jouissances de tout genre; mais quand la souscription eut circulé, on put se convaincre, par le petit nombre des signataires, de l'impossibilité de mettre ce projet à exécution.

Une autre entreprise fut plus heureuse; je veux parler de l'introduction du chant dans nos écoles primaires et gratuites.

Depuis longtemps des amateurs zélés, reconnaissant toute l'influence civilisatrice du chant sur de jeunes cœurs, s'étaient occupés d'en introduire l'enseignement dans les diverses écoles. Ils firent un appel aux amis de l'art et de l'humanité, et recueillirent, par des souscriptions volontaires, huit cents francs, nécessaires à l'établissement de cette institution, et pour les frais de chaque année ils obtinrent du Conseil municipal une somme annuelle de trois mille francs.

Un comité, composé de neuf membres, fut nommé, dont trois par les souscripteurs, trois par la ville, et trois par le comité d'instruction d'arrondissement, et le chant fut successivement introduit dans vingt-trois écoles, depuis le 1.$^{er}$ janvier 1836.

Un premier examen public eut lieu à la grande salle du Château, le 8 janvier 1837. Les résultats furent des plus satisfaisants, et si les examens suivants n'offrirent pas des progrès proportionnels, il faut l'attribuer au renouvellement annuel des élèves, qui restera un obstacle insurmontable aux efforts des maîtres.

Aussi le comité, reconnaissant plus tard cet inconvénient, chercha-t-il à y obvier, en créant une classe générale pour les moniteurs et les élèves les plus avancés de toutes les écoles, ainsi que pour les anciens élèves qui se réuniraient pour une leçon commune. Cette classe existe depuis plusieurs années, et a déjà produit des fruits satisfaisants.

## CHAPITRE XI.

**Renouvellement de la société philharmonique. -- État du théâtre sous la direction Carmouche. -- État de la musique à la Cathédrale.**

L'échec qu'avait éprouvé en 1836 l'athénée musical, n'avait pas découragé quelques amateurs zélés. Ils étaient disposés même à faire des sacrifices pour conserver à notre ville la salle de la Réunion-des-arts, qui, construite depuis près de quarante ans, devenait de jour en jour plus triste de vétusté, et que son propriétaire, ne la voyant plus employée à des concerts, se disposait à convertir en logements, ce qui eût causé un grand tort à l'art, cette salle étant par sa dimension et par sa sonorité à la fois, la seule favorable à de beaux concerts.

Quand la société philharmonique cessa ses exercices en 1834, les fonds qui étaient restés en caisse avaient suffi pour payer le loyer de la salle pendant deux ans, à l'aide d'une certaine somme prélevée sur les produits de quelques concerts; mais ces fonds étant épuisés, il fallut aviser à quelque autre moyen pour conserver la salle. Le projet de l'athénée musical, s'il avait été exécuté, eût pleinement rempli ce but ; mais comme il fallut y renoncer, quelques amateurs conçurent l'idée de prendre la salle en location et de la restaurer à leurs frais, sauf à couvrir cette dépense en en tirant un parti quelconque.

Cette résolution, qui fut mal interprétée et injustement qualifiée d'entreprise industrielle, nous a conservé une salle dont l'existence est indispensable à la prospérité de la musique, et nous ne pouvons que rendre grâce à ceux qui ont eu le courage de la prendre. Les sacrifices qu'ils furent obligés de faire pendant la première année ont suffisamment montré qu'une pareille entreprise n'avait rien de mercantile, et qu'il n'y avait nul profit à en attendre.

La première chose que tentèrent les locataires de la Réunion-des-arts, fut le rétablissement de la société philharmonique ; mais les difficultés inséparables d'une telle organisation rebutèrent promptement les membres de l'ancien comité, deux d'entre eux exceptés. Ceux-ci donc ouvrirent une souscription pour trois concerts, et les nombreuses signatures obtenues auraient assuré à la nouvelle société un succès complet, s'il eût existé plus d'éléments pour former le programme des concerts, notamment pour le chant ; mais la condition de ne le remplir que par des amateurs, rendait la composition extrêmement difficile. En outre, une critique exagérée avait depuis longtemps éloigné des planches de l'orchestre la majeure partie des meilleurs amateurs, tandis que l'esprit de coterie avait fait fuir tout le reste, hormis quelques-uns, qui étaient assez zélés et amis de l'art, pour faire abnégation de leur amour-propre et se mettre au-dessus du *qu'en dira-t-on*.

Sous de pareils auspices il était à prévoir que le programme ne pouvait être rempli qu'avec de grands efforts, et que probablement les concerts ne pourraient avoir lieu l'année suivante.

Indépendamment de la difficulté que le comité éprouva à remplir la partie vocale, il commit de plus la faute de ne pas assez exploiter la partie instrumentale. D'abord ces concerts ne devaient être composés que de solos de chant ou d'instrument, avec accompagnement de piano ou du double-quatuor. Ce ne fut qu'à l'approche de leur ouverture qu'on prit le parti d'y joindre l'orchestre; mais, au lieu de bien l'utiliser, on ne l'employa qu'à l'exécution d'ouvertures, les autres morceaux étaient pour la plupart accompagnés, soit au piano, soit en quatuor, et la symphonie fut tout à fait exclue de la composition du programme. Or, à quoi bon avoir un orchestre, si on ne l'emploie pas? A quoi bon avoir une grande salle, si la musique que l'on y fait n'est que de la musique de salon?

Il est vrai toutefois qu'il eût été difficile, peut-être même impossible, à la nouvelle société, de faire au commencement de grandes dépenses pour organiser de la musique d'orchestre, parce qu'elle devait songer avant tout à rentrer dans ses déboursés. Il est vrai encore que la mauvaise volonté ou la tiédeur de certains membres de l'orchestre n'eût guère permis de tenter les répétitions nécessaires pour parvenir à une exécution précise. Le public musicien pourtant, c'est une chose certaine, préfère la musique exécutée avec grandeur et solennité à la petite musique et aux concerts de salon. Le zèle que nos amateurs ont montré pour l'organisation de nos deux grands concerts alsaciens, en donne une preuve suffisante. Si l'on veut agir en vue de l'art, il faut se garder de restreindre la musique dans des limites trop étroites, autrement on n'obtiendra que des résultats faibles et précaires. Il faut d'ailleurs ne pas se faire illusion sur l'esprit de coterie qui règne actuellement parmi nous, et qui ne rend un concert possible qu'avec une cantatrice et un orchestre salariés. Vouloir le tenter en dehors de ces conditions, c'est s'exposer à tous les désappointements et à tous les désagréments imaginables.

Un concert purement d'amateurs ne peut se produire que devant un public qui ne paye point. Aussitôt qu'on paye, on se croit autorisé à montrer quelque exigence, et on l'est en effet dans de certaines limites; mais on ne reste pas dans de justes bornes, et bientôt, par une critique trop sévère et souvent injuste, on décourage les amateurs.

Après la déconfiture de M. Brice, au mois de décembre 1835, force fut aux acteurs d'exploiter le théâtre à leurs risques et périls; mais la mauvaise composition de la troupe n'était pas de nature à attirer le public, et divers emplois n'étant pas remplis, elle ne pouvait guère varier son répertoire, et il arriva à plusieurs reprises qu'elle ne put donner qu'une représentation par semaine.

On voyait arriver le moment où l'on serait forcé de fermer entièrement le théâtre, quand M. Carmouche vint se charger de la direction. Il l'accepta aux conditions qui existaient entre M. Brice et la ville, c'est-à-dire, sans subvention, fondant quelque espoir de bénéfice sur l'opportunité de la saison; mais il fut trompé dans ses prévisions. La mauvaise composition du spectacle dès le moment de son ouverture en avait éloigné les habitués. Le pli était pris, l'affaire gâtée, et malgré tous les efforts de M. Carmouche pour ramener les spectateurs, la salle resta déserte durant tout l'hiver.

Averti par cet échec, M. Carmouche ne consentit à continuer l'entreprise théâtrale pour les années suivantes qu'à condition que la ville rétablirait la subvention antérieure, et ferait même restaurer la salle.

Le Conseil municipal, reconnaissant la nécessité de ces deux dépenses, les accorda. Vingt mille francs furent alloués, à titre de subvention annuelle, à la direction, et la salle fut élégamment restaurée par un peintre de Paris.

Le théâtre devait s'ouvrir au mois d'août 1836, et tout donnait lieu d'espérer pour lui des jours brillants; cependant il n'en fut pas ainsi.

Un premier obstacle au succès provint de la composition de l'orchestre, qui ne fut pas ce qu'elle aurait dû être, à cause des différends survenus entre M. Carmouche et M. Bley, professeur à la classe de violon de la ville et successeur de M. Jupin, qui avait été appelé à Paris peu de temps auparavant, comme second chef d'orchestre de l'Opéra comique.

Nos lecteurs se rappelleront sans doute qu'à la place de professeur de l'école de violon avait été jointe celle de chef d'orchestre du théâtre. Au moment de déterminer les fonctions de M. Bley en cette dernière qualité, M. Carmouche voulut exiger qu'il se chargeât de détails qui ne concernent point un chef d'orchestre, et que ne lui imposait pas le traité conclu entre la ville et lui. Les contestations qui s'établirent entre eux finirent par éloigner ce dernier de l'orchestre, qui, privé d'un chef habile et d'un excellent violon-solo, retomba de suite dans son ancienne routine.

Le second obstacle au succès qu'on s'était promis, vint de la formation de la troupe qui, n'ayant eu lieu que vers le mois d'août, ne put réunir des sujets très-distingués, les engagements se faisant ordinairement au mois d'avril. Le théâtre se rouvrit donc avec une troupe faible : les débuts furent accueillis avec défaveur, et quoique le spectacle fût plus suivi que l'année précédente, il ne le fut encore que faiblement. Le théâtre continua à peu près sur le même pied dans la seconde année de la gestion de M. Carmouche; mais les exigences du public augmentèrent à tel point qu'il fallut renvoyer, à deux et trois reprises, des premiers emplois qui ne purent s'en faire agréer.

Cela causa un tort considérable à la direction, dont l'état financier ne permettait point d'engager des sujets de premier ordre. Néanmoins elle entra en arrangement avec une troupe de chanteurs italiens, sous la direction de M. Pellizzari, qui, précédemment, avait donné avec succès des représentations dans les villes de Marseille, Lyon et autres. Cette troupe, qui possédait plusieurs sujets de distinction, débuta ici vers la fin de mars 1838, et pour la première fois nous eûmes à Strasbourg un opéra italien complet. Malheureusement notre public ne se trouva pas à la hauteur de ce genre de spectacle, et les représentations ne furent guère suivies que par l'aristocratie de nos dilettanti. Aussi le mois d'avril fut-il à la fois le premier et le dernier de ces représentations.

M. Carmouche voyant la difficulté ou plutôt l'impossibilité de terminer convenablement la troisième année de sa direction, prit le parti de s'associer à M. Hehl, directeur de la troupe allemande qui, durant plusieurs étés, avait donné avec succès des représentations dans notre ville. Ils firent un arrangement d'après lequel le théâtre français devait jouer le drame, la comédie et le vaudeville, tandis que le théâtre allemand s'occuperait uniquement de l'opéra.

Cette combinaison, qui réunissait les suffrages de la grande majorité de notre public, fut combattue, mais sans effet, par une très-faible minorité, le jour de l'ouverture de l'opéra allemand, le 9 septembre 1838.

Le théâtre, quoique très-peu suivi pendant les deux premiers mois, semblait devoir jouir de meilleures chances, lorsque la mauvaise saison ramènerait de la campagne la partie aristocratique du public, et le mois de novembre, en effet, ayant réuni un grand nombre d'abonnés, tout semblait promettre un bon succès à l'opéra allemand. Mais l'esprit de critique, si commun à beaucoup de nos concitoyens, vint encore tout gâter.

Quels qu'aient été les torts de M. Hehl dans la composition de son personnel, il est incontestable que la critique exagérée de quelques habitués (critique injuste, surtout à l'égard d'une cantatrice étrangère d'un mérite reconnu et dignement appréciée dans toute l'Allemagne) effraya tellement, que les bons sujets qui auraient pu venir améliorer la troupe de

M. Hehl, s'en tinrent éloignés, et qu'il devint impossible à ce dernier de composer son spectacle et de continuer ses représentations. Ces motifs, joints à la diminution sensible du nombre des abonnés pour le mois de décembre, l'engagèrent à clore l'opéra allemand, et les représentations théâtrales se bornèrent pour tout le reste de l'hiver au vaudeville et à la comédie française.

L'année 1838 fut très-remarquable par cinq grandes exécutions de musique d'église, dont quatre à la Cathédrale et une au Temple-Neuf.

Jusqu'ici nous n'avons pu parler qu'en passant de l'état de la musique à notre Cathédrale. Qu'il nous soit permis à présent de remonter un peu dans le passé et de retracer les vicissitudes de sa destinée depuis la révolution de 89 jusqu'à nos jours.

La chapelle de notre Cathédrale, jadis si florissante, si renommée, et qui avait eu à sa tête une des plus grandes célébrités du siècle, n'avait pu survivre, ainsi que nous l'avons dit au commencement de cette notice, aux coups de la première révolution.

Après le rétablissement du culte dans la Cathédrale, vers la fin de l'année 1800, on chercha à restaurer aussi la musique sacrée. Mais les fonds affectés à l'entretien de la chapelle n'existant plus, il fallut se borner à rétablir simplement un maître de chapelle, chargé d'enseigner le chant aux enfants de chœur, et de diriger les exécutions musicales que l'on se proposait de faire de temps à autre, en engageant et payant chaque fois les artistes. M. Wolf, élève de F. X. Richter, occupa ces fonctions jusqu'à sa mort, en 1808. M. Spindler, compositeur et professeur de musique distingué, lui succéda. Ce dernier tâcha de donner quelque stabilité à ces exécutions, et réussit au moins à les rendre régulières pour toutes les grandes fêtes de l'année.

Elles continuèrent sur ce pied jusqu'à sa mort, arrivée en 1819, et même encore après, pendant quelques années, sous la direction de M. Wackenthaler, son successeur; mais ensuite des motifs d'économie engagèrent la fabrique de la Cathédrale à rendre ces exécutions plus rares, et des considérations particulières les firent enfin supprimer tout à fait. Depuis, des efforts furent tentés à diverses époques pour rétablir la musique à la Cathédrale; mais ils furent inutiles.

Il était réservé au zèle et au dévouement d'un des membres de la fabrique actuelle, qui renouvela ces essais, de les voir couronnés d'un plein succès.

On choisit le dimanche de Pâques 1838 pour exécuter la messe en *si bémol* d'Haydn. Un orchestre nombreux, ainsi qu'un grand personnel de choristes, dont le noyau se composait des élèves formés au petit Séminaire par l'habile professeur l'abbé Mayer, auraient assuré à ce bel ouvrage un succès complet, si l'effet défavorable de deux tribunes latérales au chœur, en face l'une de l'autre, et sur lesquelles les exécutants se trouvaient placés, n'eût nui à l'ensemble de l'exécution.

On résolut d'éviter un tel défaut à la première occasion, et pour celle-ci la fabrique obtint de l'Autorité locale la construction, au-dessus du grand portail, d'une tribune provisoire et assez grande pour y placer trois cents exécutants, laquelle devait devenir définitive, en cas de réussite, sous le rapport de la sonorité.

La seconde exécution eut lieu le dimanche de Pentecôte, par la grand'messe, en *ut* de Beethoven.

Un personnel de plus de deux cents cinquante exécutants y concourut, et chacun dans cette occasion fit preuve de beaucoup de zèle et de dévouement. Jamais musique d'église n'avait été exécutée dans cette vaste enceinte avec un personnel aussi nombreux et aussi choisi. L'effet fut grandiose, l'impression profonde, et l'on put croire que le projet d'une musique régulière, associée au culte, se réaliserait; mais il s'éleva des voix qui dirent que l'introduction de la musique dans les cérémonies religieuses était une profanation du culte, à cause du bruit et du manque de décence inséparables de toute réunion où la foule se porte. On trouva aussi à redire à la présence des dames à l'orchestre, quoiqu'une rampe les cachât entièrement aux regards.

Nous sommes loin de partager ces scrupules; nous pensons au contraire que, si quelque chose est capable d'élever l'âme et de la détourner des pensées grossières, c'est bien la musique entendue dans un temple. L'harmonie est fille du ciel, et ses progrès, comme sa naissance, appartiennent à l'église.

Jusqu'à présent la question de la tribune définitive est toujours ajournée, et nous sommes encore à savoir quel parti sera pris à cet égard.

Une troisième grande exécution eut lieu pour l'anniversaire des journées de juillet : c'était le *Requiem* de Chérubini pour voix d'hommes seulement. Son effet fut inférieur à celui des deux messes précédentes. Une composition à grand orchestre, sans voix de femmes, manquera toujours de ce timbre que celles-ci seules peuvent donner, et que les intruments aigus ne remplacent qu'incomplétement.

La troisième fête séculaire de notre gymnase ne pouvait manquer d'être dignement célébrée. Une cantate à grand orchestre, composée pour cette circonstance par M. Philippe Hœrter, professeur de chant au gymnase, fut exécutée au service qui eut lieu au Temple-Neuf le lundi 13 août. Cet ouvrage, d'une facture brillante et mélodieuse, fut rendu par un personnel de près de cent exécutants, tant chanteurs qu'instrumentistes. Un succès honorable et légitime couronna les efforts de son auteur.

La cinquième grande exécution fut celle du *Requiem* de Mozart à la Cathédrale, à l'occasion de la translation du corps du général Kléber.

Cette exécution, qui eut lieu le 13 décembre, et pour laquelle il ne fallut que cinq jours de préparation, réussit au delà de ce qu'on était en droit d'en attendre, grâce au dévouement et au zèle infatigable du membre de la fabrique auquel nous devions déjà les exécutions précédentes. Un nouvel essai fut tenté par la construction d'une tribune latérale, presque en face de l'orgue; mais il fut moins satisfaisant encore que le précédent, sous le rapport de la sonorité et du placement de l'orchestre; et l'on ne peut guère supposer qu'il soit renouvelé.

## CHAPITRE XII.

**Exercice des écoles de chant et de violon. -- Concerts de la société philharmonique. -- Concert pour la Martinique. -- Retour de l'opéra allemand.**

Ainsi qu'il avait été facile de le prévoir, l'hiver de 1838 à 1839 devait être d'une stérilité fort grande sous le rapport des concerts. La seule chose qui fixa l'attention des dilettanti avant la fin de l'année, fut l'exercice des écoles de chant, tant gratuites que payantes, fondées par la ville, exercice auquel on avait joint celui de l'école de violon.

Cet exercice eut lieu à la Réunion-des-arts, le dimanche 23 décembre 1838, à 11 heures du matin, devant un auditoire nombreux.

Ce n'est point ici le lieu d'examiner si le contact des classes pauvres avec les classes aisées, qui doit nécessairement résulter de la réunion des différentes écoles, est favorable ou non au bien-être des premières. Nous devons nous renfermer dans la question musicale, qui a été résolue d'une manière satisfaisante.

Par l'institution de l'école de moniteurs dont nous avons parlé plus haut, il devint possible au comité de faire étudier aux élèves des fragments de la création par Haydn, et quelques amateurs voulant bien prêter leur concours pour l'exécution des solos, le tout fut rendu avec précision et ensemble, à la grande satisfaction des auditeurs.

Les différents morceaux de chant furent entrecoupés de solos de violon, exécutés par les élèves de l'école de violon. La hardiesse de leur coup d'archet et leur manière de phraser, témoignèrent de l'habileté de leur professeur, M. Bley.

Depuis plus d'un an il n'y avait pas eu d'exercice public par la classe de violon; ce qui mit les auditeurs mieux à portée de juger des progrès des élèves, surtout ceux du dernier entendu, qui mérita et obtint des applaudissements unanimes.

Par la clôture de l'opéra allemand au commencement de décembre 1838, notre théâtre se trouva, pour la première fois, de mémoire d'homme, privé d'un opéra pendant tout un hiver. Cette privation engagea le comité philharmonique à recommencer ses exercices.

La grande difficulté qu'avaient éprouvée les derniers concerts, avait été de remplir convenablement la partie vocale; elle fut levée par la présence de M. et M.$^{me}$ Cavaletti, anciens membres de la troupe italienne, fixés à Strasbourg, et qui jouissaient de la faveur méritée du public.

La partie instrumentale fut confiée à l'orchestre de notre théâtre, et un abonnement de trois concerts fut ouvert dans le but d'y faire exécuter surtout les symphonies des grands maîtres.

Une telle combinaison était digne de l'approbation de tous les vrais amis de l'art, et semblait promettre une réussite certaine, et pourtant le nombre d'abonnés fut de beaucoup inférieur à celui de l'année précédente. Néanmoins la société commença ses exercices le 18 février 1839, et les concerts se suivirent de quinzaine en quinzaine avec un succès complet, sous le rapport musical; aussi le zèle que le comité déploya dans leur organisation mérita tout éloge.

Chacun des trois concerts commença par une symphonie exécutée en entier et avec beaucoup de précision. L'on entendit successivement la symphonie pastorale de Beethoven, celle en *la* du même maître, et la symphonie de Spohr : *Die Weihe der Töne,* qui rappela si vivement les beaux jours du dernier concert alsacien.

L'audition de ces trois chefs-d'œuvre fut extrêmement goûtée par le public musical, et l'art fit par là un pas immense dans l'appréciation de la véritable bonne musique.

Il reste maintenant encore un autre pas important à faire pour ramener notre public à un goût meilleur. Je veux parler des solos d'instruments, qui, quoique tous rendus avec distinction par nos artistes, ne consistaient malheureusement qu'en *airs variés.*

L'air varié, entendu après une composition classique, telle qu'une symphonie, ne peut paraître que pâle et insignifiant, surtout l'air varié de nos jours, qui n'a d'autre but que de faire briller l'artiste qui l'exécute. Il est vraiment à regretter que le talent remarquable de plusieurs de nos artistes se soit renfermé dans un cadre aussi étroit et aussi peu en harmonie avec les exigences de l'art. Craint-on d'ennuyer le public en choisissant des compositions plus étendues, plus travaillées, telles que des concertos ? Ou croit-on devoir se conformer au goût du siècle, qui exclut le concerto et n'admet que l'air varié ?

On a tort dans l'un et dans l'autre cas : la bonne musique n'ennuie jamais; la mauvaise produit seule cet effet. Certes, notre intention n'est pas de dire par là que tous les concertos soient bons, ou tous les airs variés mauvais; nous sommes loin de vouloir hasarder une semblable assertion; mais il est incontestable que l'air varié est un genre de composition beaucoup trop restreint pour que le génie puisse y trouver son essor ou la facture son développement. D'ailleurs, le nombre de bonnes compositions, en fait de concertos, n'est pas assez rare pour que l'on puisse se retrancher derrière la difficulté d'en trouver. Nous n'avons qu'à citer les noms de Spohr, Bernhard Romberg, C. M. de Weber, Lindpaintner, Krommer, Kalliwoda, et tant d'autres qui ont tous écrit pour divers instruments, et dont les compositions ne sont pas surannées.

Quant au second motif, celui de se conformer au goût du grand nombre, il est aussi sans valeur; car le goût de la multitude est mauvais et restera toujours mauvais, et l'art ne doit jamais se plier à ses exigences, à moins de vouloir se perdre. Au contraire, le public doit se soumettre aux exigences de l'art, et ce n'est que par l'habitude d'entendre de bonne musique, qu'il peut finir par la comprendre et la goûter, et que son goût peut se former.

Que les artistes nous pardonnent cette observation; car elle est dictée autant par l'amour de l'art, que par un véritable intérêt pour leur talent, qui ne pourra que gagner en l'exerçant sur des productions plus artistiques et plus substantielles.

L'exécution de ces trois concerts ne tarda pas à porter ses fruits. Beaucoup de bons éléments s'y étant trouvés réunis, il devint facile de les employer plus tard pour une occasion plus solennelle, que voici. Depuis l'automne dernier notre ville possédait une dame-dilettante d'un talent remarquable pour le chant,

M.^me de Chambure, épouse d'un officier d'artillerie. Élevée dans la capitale, enseignée par Rossini, douée d'une voix magnifique, d'un goût exquis et d'un sentiment profond, possédant en outre toute la facilité qu'un travail soutenu et bien dirigé peut seul donner, cette dame excitait l'admiration de tous ceux qui avaient occasion de l'entendre. Réunie à deux autres chanteurs-dilettanti, d'un talent distingué, MM. Cetty (ténor) et Stœber (basse), M.^me de Chambure faisait les délices de quelques salons. Mais un petit nombre d'élus avait seul le privilége de l'entendre, lorsque le moment vint enfin où ce privilége s'étendit à tout le public.

Après le tremblement de terre de la Martinique, le Ministre de la marine ayant provoqué une souscription en faveur des victimes de ce désastre, notre Chambre de commerce ne crut pouvoir mieux faire que d'essayer un grand concert à leur profit.

On s'adressa à M.^me de Chambure, qui, d'accord avec MM. Cetty et Stœber, se prêta avec cet empressement qui caractérise le vrai talent à concourir à cette œuvre de charité et de plaisir réunis. Un appel fut fait à tous nos professeurs et amateurs de musique, qui furent engagés à réunir leurs efforts pour la réussite de ce concert, véritable fête musicale par son grandiose, et qui fut organisée en moins de trois semaines.

Le concert eut lieu le 14 avril 1839, à la salle de spectacle, qui, toute vaste qu'elle est, fut dans cette occasion à peine assez grande pour contenir la foule avide et curieuse. L'orchestre, dirigé par M. Kern, était composé à peu près de cent instrumentistes; le personnel des chœurs était en nombre égal. Tous les morceaux dont se composait le programme furent exécutés avec précision, et accueillis avec un vif enthousiasme, et ce concert, dont le souvenir vivra longtemps parmi nos amateurs de musique, termina l'hiver musical de la manière la plus brillante.

Malgré la triste fin de l'opéra allemand au décembre dernier, M. Hehl eut cependant le courage de revenir avec sa troupe vers le printemps de l'année 1839, et de donner douze représentations du 21 avril au 22 mai. Étant parvenu à réunir quelques sujets très-distingués, tels que M.<sup>me</sup> Fischer-Achten, MM. Schmezer ténor de Brunswick, et Dettmer, basse-taille de Francfort, M. Hehl réussit à satisfaire le public, mais point à enfler sa bourse. Bien que la composition de son spectacle eût mérité qu'on s'y portât en foule, le théâtre fut cependant peu suivi, et ce ne fut qu'aux trois dernières représentations, pendant lesquelles M.<sup>lle</sup> de Hasselt s'était réunie aux artistes ci-dessus nommés, qu'il y eut une affluence considérable, qui dédommagea un peu M. Hehl de ses sacrifices antérieurs. Il est fâcheux qu'un concours d'artistes aussi distingués n'ait pu se faire entendre que dans un moment aussi défavorable que celui d'un printemps renaissant, où tout le monde est avide de jouir des beautés de la nature, et surtout après un hiver qui avait paru interminable.

On nous promet pour l'automne prochain le retour d'un opéra français. Le Conseil municipal, reconnaissant l'insuffisance de la subvention accordée jusqu'à présent, l'a portée de vingt-quatre mille à trente mille francs, pour l'exercice de 1839 à 1840, et tout semble promettre une réussite certaine à la nouvelle entreprise, si elle sait joindre des vues artistiques aux ressources pécuniaires qu'elle rencontrera.[1]

## CHAPITRE XIII.
### Conclusion.

Parvenu au terme de notre revue chronologique, il nous reste à exprimer quelques idées sur l'avenir de la musique à Strasbourg, et sur les meilleurs moyens de faire prospérer cet art parmi nous.

A en juger par les nombreux efforts tentés depuis un demi-siècle, on pourrait croire que l'art est en pleine prospérité à Strasbourg, que son action est vivace, non interrompue, et enfin que les plaintes sur sa décadence sont exagérées et inspirées par une imagination pessimiste. Mais que l'on ne s'y trompe point, et qu'on ne confonde point des velléités passagères avec une existence normale et soutenue.

Il suffira de jeter quelques regards sur les difficultés qui entourent ici toute entreprise musicale, pour se convaincre que les plaintes sont fondées et que l'art est en souffrance.

L'art musical proprement dit n'exerce son action que dans les trois sphères suivantes : l'*église*, le *concert* et le *théâtre*.

Tout ce qui se fait hors de là, mérite très-peu ou même pas du tout le nom d'*art*.

Or, combien elle est rare chez nous, la musique qui se fait à l'église ou au concert! combien elle est faible, celle qui se fait au théâtre! Et pourrait-il en

---

[1] Ceci a été écrit au mois de mai 1839.

être autrement? Quand il s'agit d'organiser un concert, les peines sont aussi grandes que s'il s'agissait de fonder un établissement musical complet et durable, et à peine le concert a-t-il eu lieu, que tout retombe aussitôt dans l'inaction, et à peine reste-t-il une trace de ce qui vient de se passer. Veut-on avoir un autre concert? il faut recommencer comme si rien n'eût jamais été fait. Il n'est pas donné à chacun de pouvoir faire le sacrifice continuel de son temps, de sa personne, de son repos, et très-souvent aussi de son argent, pour se mettre à la tête de quelque entreprise musicale et n'obtenir d'autre satisfaction que celle d'avoir produit un fait passager, sans résultat pour l'avenir.

Pour que la musique puisse prospérer dans une ville comme la nôtre, il faut avant tout un orchestre stable que l'on puisse employer à volonté; or, nous n'avons pas d'autre orchestre que celui du théâtre, dont l'existence est mise en doute chaque année. Il est facile de comprendre que, les artistes étant souvent engagés au rabais, ceux qui savent trouver mieux, nous quittent avec empressement. On comprendra tout aussi facilement que, si même cet orchestre réunissait tous les éléments nécessaires à la bonne musique, son état de dépendance vis-à-vis du théâtre lui rendrait impossible, ou au moins fort difficile, de s'employer ailleurs. Il faut donc un orchestre indépendant; or, on ne peut en avoir un pareil, qu'en réunissant avec de grands efforts les éléments divers, épars, parmi les amateurs, et cet orchestre est toujours incomplet, et n'est jamais que provisoire.

Une autre chose tout aussi indispensable aux grandes

exécutions musicales, et qui nous manque également, c'est une *académie de chant* (*Singverein*).

Si, en Allemagne, l'art musical est dans un état si prospère, il le doit principalement à l'existence des orchestres stables et des académies de chant. Quand même ces dernières n'auraient qu'une part secondaire dans l'action musicale, elles rendraient un grand service par le fait même de leur existence; car elles exercent une influence marquante sur le développement du goût en cultivant principalement la musique classique. Si l'essai qui a été fait, il y a douze ans, pour fonder ici une semblable académie, n'a pas mieux réussi, il faut moins l'attribuer à la difficulté, qu'au manque de suite de ces exercices, qui se faisaient à des époques beaucoup trop éloignées, et sans plan arrêté d'avance pour le choix de la musique et des morceaux à étudier.

Il n'y a pas de doute qu'une telle institution, dirigée par un homme de l'art qui se trouverait dans une position assez favorable pour pouvoir y consacrer son temps et ses peines, prospérerait tout aussi facilement chez nous qu'en Allemagne, où l'on cite particulièrement le *Cecilien-Verein* (*Réunion de S.<sup>e</sup> Cécile*) à Francfort sur Mein, qui a été créé et dirigé par feu M. Schelblé, et qui jouit depuis longtemps d'une si haute et si juste réputation.

La présence de ces deux grands éléments, un orchestre stable, bien composé, et un personnel de chant nombreux, discipliné et habitué à marcher ensemble dans une académie de chant, fournirait les moyens de renouveler les grandes productions musicales, sans tous les embarras qui les ont accompagnées jusqu'ici, et permettrait d'atteindre un haut degré de perfection.

On peut juger de l'influence puissante qui en résulterait, par celle (très-momentanée, il est vrai) qu'a exercée ici chaque grande exécution de ce genre.

La chose principale, celle que nous recommandons avant tout à la sollicitude de nos magistrats, c'est l'amélioration de l'orchestre du théâtre et sa stabilité.

En le prenant à sa solde, la ville pourrait le donner, au lieu de subvention, à l'entrepreneur du théâtre, et elle n'aurait pas à craindre de voir dilapider, comme cela arrive si souvent, les sacrifices qu'elle s'impose, sans le moindre avantage pour le perfectionnement de l'art.

On objectera peut-être qu'en cas de fermeture du spectacle, l'orchestre serait sans emploi. Mais lors même que le spectacle devrait toujours rester fermé, les occasions de l'employer ne manqueraient jamais. Dans ce cas, on pourrait le mettre alternativement à la disposition de nos différentes églises; le faire servir aux concerts, soit réguliers, soit extraordinaires, qui se donnent au passage des artistes connus, et l'employer enfin dans d'autres occasions solennelles, telles que distributions de prix, assemblées extraordinaires, etc.

Une manière avantageuse de l'utiliser, ne serait-elle pas aussi d'employer quelques-uns des principaux artistes à former un petit conservatoire, dans lequel il serait donné des leçons gratuites de divers instruments, ainsi que cela se pratique déjà dans la classe de violon, fondée par la ville? De cette manière on contribuerait puissamment à propager la musique dans les classes peu aisées, et à leur fournir de nouveaux moyens d'existence.

Les affaires du théâtre ont déjà causé bien des ennuis et des embarras à nos Autorités, et plus d'une fois on a pu se demander si, dans l'état actuel de nos mœurs et de nos habitudes sociales, le théâtre est encore un besoin, ou s'il n'a pas fait son temps?

Considéré sous le rapport de l'art, le théâtre peut être toujours utile; mais, envisagé comme amusement, il est certes bien déchu de ce qu'il était autrefois. Cela tient à ce que les moyens de distraction ne se multiplient malheureusement que trop, surtout dans les grandes villes, et à les juger du point de vue moral, il serait à désirer qu'ils fussent restreints plutôt qu'augmentés.

Dans Strasbourg l'art musical exige la présence d'un théâtre, et toute la question doit donc se réduire à savoir de quelle manière on obtiendrait les meilleurs résultats avec la plus grande économie.

Il est hors de doute qu'en France l'art théâtral ne soit en décadence; mais on n'a pu s'accorder jusqu'ici sur les moyens de le relever.

En comparant la position des théâtres d'autrefois avec celle d'à présent, on est tenté de croire que les théâtres doivent aujourd'hui faire les meilleures affaires du monde, et cependant il n'en est rien. Autrefois les théâtres, à l'exception du grand opéra de Paris, ne recevaient aucune subvention; celui de Strasbourg était même obligé de payer une somme fort élevée pour la location de la salle. Aujourd'hui, au contraire, non-seulement l'usage de la salle est accordé gratuitement aux directeurs, mais encore ils reçoivent presque partout de fortes subventions.

Il est vrai qu'autrefois le droit des pauvres n'existait pas, non plus que celui des auteurs. Mais chez nous le dernier seul pèse sur le théâtre, car le premier est perçu en sus du prix des places; et d'ailleurs le droit d'auteur est bien peu de chose au prix des avantages dont jouissent les directeurs de nos jours; cependant, malgré tous ces avantages, les théâtres ne font généralement que de mauvaises affaires. Les salles qui se ferment à chaque instant dans différentes villes de province en fournissent la preuve, et nous avons vu plus d'une fois, pendant les vingt-cinq dernières années, bien des directeurs qui avaient traité avec la ville pour trois et six ans, s'en aller sans achever leur bail.

D'où vient donc cette décadence? quelles en sont les causes? Nous trouvons la principale, sans contredit, dans les exigences exagérées du public, qui ne tient aucun compte au directeur des difficultés qu'il rencontre, et qui prétend que le spectacle soit toujours bien monté, qu'on y aille, ou qu'on n'y aille pas.

Rendu difficile par la fréquence des rapports avec Paris, le public d'une ville de province prétend à un spectacle presque pareil à ceux de la capitale, et ne songe pas à quelles conditions on peut s'en procurer un semblable. Jamais les sujets distingués pour l'opéra français n'ont été aussi rares ni aussi coûteux qu'aujourd'hui, et jamais les directeurs n'ont été forcés d'en solder un plus grand nombre. Autrefois la durée d'un spectacle était de deux heures et demie, de nos jours on prétend qu'elle soit au moins de quatre heures.

Il faut donc à un directeur un répertoire beaucoup plus grand et un personnel beaucoup plus nombreux pour exécuter ce répertoire. En outre, la variété des ouvrages dramatiques qui ont été composés depuis trente et quarante ans, a fait créer une foule de rôles pour lesquels il faut des emplois spéciaux; ce qui augmente nécessairement le personnel et les frais. Il n'en est pas de même des théâtres en Allemagne, où les emplois principaux peuvent se réduire à huit ou dix personnages sans les chœurs, tandis qu'en France il en faut au moins une vingtaine. Par cette raison un répertoire est bientôt usé, et il devient impossible à un directeur d'offrir toujours des nouveautés à son public.

Une seconde cause qui fait beaucoup de tort aux entreprises théâtrales en France, est le bruit inconvenant qui règne si souvent pendant les représentations. Y a-t-il quelque chose de plus ignoble que la manière dont se manifeste l'improbation du public? Ne semble-t-il pas qu'un lieu qui devrait être le rendez-vous de la bonne compagnie, se change subitement en un carrefour où hurle la populace? Il est déplorable que ce soit par l'usage brutal du sifflet qu'on exprime son blâme dans un pays qui prétend marcher à la tête de la civilisation. Il est plus déplorable encore de voir le plus souvent une faible minorité de jeunes gens turbulents s'ériger en juge suprême et imposer son arrêt à tort ou à travers, sans s'inquiéter le moins du monde des difficultés qui environnent une entreprise théâtrale. Il est hors de doute que des sifflets injustes ont plus d'une fois tué le talent naissant d'un acteur.

Une troisième cause de l'abandon du spectacle, c'est la tendance immorale de beaucoup de nos pièces de théâtre. L'école *romantique,* qui ne cherche qu'à produire des sensations fortes, a introduit dans notre littérature un dévergondage d'idées impies et immorales, qui produisent les situations les plus obscènes ou les plus épouvantables : toutes choses que des parents ou un mari craindraient également de laisser voir et entendre à des enfants encore purs, ou à une jeune femme, et qui doivent diminuer le nombre de spectateurs.

Malheureusement le remède à ces maux n'est pas facile, et sera plutôt le résultat du progrès des mœurs que des dispositions municipales ou législatives.

En attendant, et dans l'état actuel des choses, la réunion de l'opéra allemand au drame et au vaudeville français nous semble la seule combinaison possible à Strasbourg pour que le public soit satisfait et que le directeur fasse quelque bénéfice légitime.

Si le public voulait montrer moins d'exigences, et si le directeur mettait moins de parcimonie à rétribuer de bons sujets, il est hors de doute que cette combinaison prospérerait, surtout si la ville continuait son concours.

L'affluence du public pour les représentations extraordinaires des grands artistes de passage, tels que M.<sup>lle</sup> Schébest, M.<sup>lle</sup> de Hasselt et autres, est une preuve que ce public ne manquera jamais à l'appel, quand on lui offrira un attrait véritable.

Mais il faut aussi que ce soit là le but constant des efforts de la direction pour qu'elle ait droit de prétendre à ce concours du public, et il ne faut pas qu'elle veuille lui faire accepter du mauvais. Un théâtre a autant besoin du secours communal que de celui du public, et nous doutons qu'il puisse subsister à la longue sans le premier. Reste à savoir de quelle manière ce secours doit être accordé, et comment il profiterait le mieux ? Nous l'avons indiqué.

Quant à la musique des concerts, elle a moins de chances contre elle, et dépend davantage d'elle-même. Si les principaux éléments pour former un concert, tels qu'un bon orchestre et de bons chanteurs, sont là, son organisation et son exécution deviennent faciles; cependant l'empressement du public ne doit pas manquer non plus, et sous ce rapport nous remarquons à Strasbourg une véritable anomalie. Cette ville passe pour être très-musicienne, et elle l'est en effet, si l'on en juge par le nombre de personnes qui apprennent la musique. Ce nombre considérable ferait croire que toute bonne entreprise musicale publique dût être accueillie avec empressement. Il n'en est pas ainsi. Le concert payant a quelque chose qui repousse, et l'on voit à l'aspect du billet proposé, reculer avec frayeur tels ou tels parents qui font de grands sacrifices pour l'instruction musicale de leurs enfants. Pour être juste, il faut aussi dire que la plupart des concerts payants sont devenus plutôt une exploitation industrielle qu'un exercice artistique, et que celui qui les donne s'occupe beaucoup des écus qu'ils lui produiront, et peu de procurer à ses auditeurs une jouissance d'art digne de porter le nom de concert.

Peut-on, par exemple, qualifier de ce nom ces réunions mesquines où le piano remplace l'orchestre, l'air varié la symphonie, et la romance la scène de chant ?

Malheureusement le public ne fait pas la différence d'une semblable réunion avec un concert véritable, et refuse l'une aussi bien que l'autre.

Un obstacle grave s'oppose encore à la réussite des concerts, c'est que, bien qu'il soit constant que la musique soit descendue dans presque toutes les classes, il est à remarquer que les femmes presque seules s'en occupent avec assiduité. C'est au point que, depuis vingt ans, nous voyons toujours les mêmes amateurs figurer dans les concerts : …. c'est un obstacle fort grand, nous le répétons; car, outre que le talent décline ordinairement en raison des années qui avancent, ces amateurs ont des affaires plus ou moins importantes, qui nuisent à l'exactitude que réclament la formation et les répétitions d'un concert. Depuis une certaine époque il s'est formé trop peu de nouveaux sujets distingués. Voilà pourquoi l'organisation des concerts est devenue si difficile de nos jours. Les jeunes sujets qui devraient principalement y prêter leur appui, manquent presque complétement, et les anciens sont plus disposés à s'occuper de leurs affaires particulières que de celles de la musique. On nous objectera sans doute que l'éducation des jeunes gens est aujourd'hui tellement surchargée d'études de toute espèce, qu'il ne leur reste plus un moment pour s'occuper de musique. Nous avouerons que la journée d'un jeune homme qui fréquente un collége ou une institution, est remplie au point que c'est à grand'peine que l'on trouve encore quelques moments à consacrer aux arts; mais les parents qui aiment la musique et qui en sentent le prix dans l'ensemble de l'éducation, peuvent les lui faire trouver.

Quant à ceux qui ne l'apprécient pas et qui la négligent dans l'éducation de leurs enfants, nous voudrions pouvoir les convaincre que, si quelque chose est propre à adoucir les mœurs d'un jeune homme et à le préserver de bien des écarts, c'est, sans contredit, l'exercice de la musique, et qu'en même temps cet exercice est un des meilleurs moyens de lui faciliter l'accès de la bonne compagnie.

Bien souvent les jeunes gens le sentent eux-mêmes, et commencent à apprendre la musique quand il est trop tard; tandis que d'autres qui ont reçu un commencement d'instruction sur un instrument en changent, et perdent ainsi les connaissances acquises, sans s'inquiéter le moins du monde si l'instrument nouveau qu'ils choisissent leur peut convenir. C'est ainsi qu'ils apprennent le cornet à piston, le trombone, l'ophicléide, etc., qui ne peuvent servir qu'à accompagner la musique militaire ou celle de danse, tandis que le violon, le violoncelle, la flûte, la clarinette, le cor ou le basson, leur seraient utiles dans mainte occasion.

Notre ville, ainsi que toute l'Alsace, possède une quantité de personnes dont l'organisation naturelle pour la musique n'aurait besoin que d'un faible secours pour qu'elles se distinguassent.

Dans les écoles, tant communales que particulières, l'enseignement du chant est offert à tout le monde, et les bons maîtres ne manquent pas à Strasbourg pour les divers instruments.

Une école gratuite est ouverte au public pour le violon, cet instrument le plus difficile de tous, et en même temps le plus indispensable dans un orchestre.

Nous possédons des facteurs de premier ordre pour différents genres d'instruments, tels que MM. Frost, facteur de piano; Schwartz, frères, luthiers, et tant d'autres, et nous avons trois magasins de musique qui suffisent pleinement aux besoins des amateurs, et cependant, malgré tous ces avantages, Strasbourg est inférieur, sous le rapport musical, non-seulement à bien des petites villes d'Allemagne, mais encore aussi à différentes petites villes de France, qui autrefois ne se distinguaient nullement par la musique, et où des sociétés philharmoniques se forment, tandis qu'ici elles se dissolvent; où l'on cherche à élever le public à la hauteur de la musique classique, tandis qu'ici l'on veut mettre la musique au niveau du public; où enfin les efforts se réunissent avec succès pour accélérer les progrès de l'art, tandis qu'ici les mêmes efforts ne rencontrent que des obstacles.

Que les Autorités locales veuillent bien se pénétrer de l'urgence de venir, en ce qui dépend d'elles, au secours d'un art qui est menacé de toutes parts.

Que nos concitoyens veuillent de leur côté se pénétrer de l'idée que leur concours est indispensable aux efforts que tenteraient les Autorités.

Qu'un bon esprit les anime et les dégage de ces petits amours-propres, si souvent mal placés, et qui sont la mort de tout progrès.

Que chacun enfin contribue selon sa position, ses moyens et ses relations, à faire prospérer un art qui était jadis un des titres de gloire de cette ville, et qui est aujourd'hui un des plus grands besoins de notre époque.

Si l'on consacrait à la musique seulement une partie

des sommes et du temps qui sont si souvent employés à des plaisirs frivoles, combien de progrès, non-seulement artistiques, mais encore moraux, pourraient se faire! Car, dans l'état actuel de notre société, le perfectionnement de la musique doit aider au perfectionnement de l'homme intérieur. La musique, révélation divine, attache à tout ce qui est beau et à tout ce qui est bon; elle doit préserver des vices et des penchants ignobles, en élevant les âmes vers leur Créateur, source et plénitude de toute perfection! —

# RAPPORT

FAIT A LA SOCIÉTÉ LIBRE DES BEAUX-ARTS,

AU SUJET D'UN

# APERÇU HISTORIQUE

## SUR L'ÉTAT DE LA MUSIQUE A STRASBOURG

Pendant les cinquante dernières années,

PAR M. CONRAD BERG.

## AVERTISSEMENT.

L'ouvrage qui a donné lieu à ce rapport a paru à Strasbourg en 1840, in-8°. Son auteur, professeur de piano en cette ville, ancien élève du Conservatoire de Paris, a publié une assez grande quantité de pièces de musique instrumentale, dans lesquelles le piano figure presque toujours en première ligne. On lui doit aussi un *Projet de méthode rationnelle de musique appliquée au piano.* Ce dernier opuscule, imprimé d'abord dans le journal de Godefroi Weber, intitulé : *Cæcilia*, a paru séparément à Mayence sous le titre suivant : *Jdean zu einer rationalenlher Methode der Musik mit Anwendung auss Clavierspiel*, 1827, in-8°.

# RAPPORT

AU SUJET D'UN

# APERÇU HISTORIQUE

SUR L'ÉTAT DE LA MUSIQUE A STRASBOURG

Pendant les cinquante dernières années,

PAR M. CONRAD BERG.

---

Messieurs,

Voici un livre comme il serait à désirer que l'on en écrivît souvent ; la province ferait bien de parler un peu plus d'elle-même et un peu moins fréquemment de Paris; elle serait mieux connue, et le plus souvent elle aurait à y gagner. Pourquoi ses habitants semblent-ils quelquefois frappés de découragement et attendent-ils que l'élégant et prétentieux Parisien arrive avec tous ses préjugés pour prononcer leur sentence? Qu'ils nous disent au moins de temps à autre où ils en sont ; les vrais amis des arts, dont la vue s'étend un peu au delà du mur d'octroi, sauront apprécier leurs efforts et y aider au besoin. Déjà, au reste, on se livre avec quelque ardeur, dans plusieurs de nos départements, à la recherche et à l'illustration des monuments de l'antiquité et du moyen âge ; souhaitons ardemment que ces laborieuses investigations s'étendent à tous les arts et les embrassent, non-seulement dans leur ensemble, mais encore dans tous leurs détails. C'est à la musique que M. Conrad Berg vient d'appliquer les siennes, et nous ne saurions trop le féliciter de la manière dont il s'est acquitté de la tâche qu'il s'était lui-même imposée.

Entrant en matière, M. Berg présente d'abord une idée de ce qu'était la musique à Strasbourg, lors de notre première révolution. A cette époque, la célèbre capitale de l'ancienne Alsace occupait incontestablement, sous le rapport musical, le premier rang après Paris : des institutions de tout genre y avaient porté l'art à un haut degré de splendeur. Ignace Pleyel, dont la réputation devint bientôt européenne, avait été d'abord le coadjuteur, puis le successeur de François-Xavier Richter, en qualité de maître de la cathédrale, où existait une maîtrise parfaitement organisée dans laquelle les élèves recevaient un enseignement musical complet ; Schœnfeld dirigeait des concerts extrêmement suivis ; un théâtre allemand et un théâtre français marchaient de front et prospéraient de compagnie ; aucune ville de France (toujours en exceptant Paris) n'aurait pu fournir alors un nombre suffisant d'artistes habiles pour composer des orchestres tels que ceux de Strasbourg ; de nombreux amateurs se réunissaient à chaque instant pour exécuter entre eux de la musique vocale et instrumentale, et donnaient aux artistes des encouragements de tout genre ; enfin une excellente mesure avait été prise pour attirer et fixer dans la ville des artistes d'une capacité reconnue : la commune en pensionnait sept ou huit, sous la seule obligation pour eux de faire partie d'un des orchestres existants. On voit que si la musique prospérait, c'est qu'aussi l'on aidait un peu à la bonne volonté générale et qu'on faisait quelque chose pour elle.

Pendant la première époque de la république, la musique strasbourgeoise se trouva fort déroutée ; les institutions musicales ayant suivi le sort des institutions politiques, on ne faisait plus de musique qu'au théâtre, et à la cathédrale lors des fêtes patriotiques ; malheureusement c'étaient dans toutes ces occasions les airs connus et en vogue, tels que l'admirable chant des Marseillais, le *Chant du Départ*, et autres airs du temps beaucoup moins estimables, qui l'emportaient sur tout le reste, et c'est nécessairement ce qui arrivera toujours en de telles circonstances : tout le monde veut être de la fête, on se croit obligé de faire chorus, mais on prend d'ailleurs peu de soucis de la mesure et de l'intonation.

Cependant cette époque d'exaltation et d'héroïsme fut signalée par une de ces grandes solennités musicales vraiment dignes d'être mentionnées dans les annales de l'art, car elles ne se revoient de longtemps. Celle dont nous voulons parler naquit dans ces moments extraordinaires où des prodiges se commandaient au nom de la loi et s'exécutaient en quelque sorte par enchantement, comme pour prouver aux races à venir tout ce qu'ont de puissance l'amour de la patrie et le génie de la liberté. Les commissaires du comité de salut public, Saint-Just et Lebas, munis de pouvoirs extraordinaires, connaissant bien tout ce que la musique a de puissance pour exciter et exalter les esprits, voulurent qu'une grande fête musicale fût organisée en commémoration du 10 août, et l'idée leur vint de faire composer une symphonie spéciale dans laquelle serait dépeinte la prise du château des Tuileries par les sections armées. Personne n'était plus capable de réussir dans un tel travail que le compositeur Ignace Pleyel, qui depuis le commencement des troubles vivait retiré à sa campagne d'Ittenwiller. On ne procédait alors que par *réquisition;* le bon Pleyel fut donc *requis* d'écrire la musique demandée : deux gendarmes vinrent lui apporter cette intimation des commissaires; il ne restait plus que dix jours jusqu'à la célébration de la cérémonie, et sur ce temps il fallait trouver celui de la copie et des répétitions; il n'y avait à se refuser à rien, car l'on aurait passé pour aristocrate et couru des risques fort sérieux; d'ailleurs les gendarmes avaient ordre de ne pas quitter

Pleyel que son travail ne fût achevé et livré. Il s'exécuta donc de bonne grâce, travailla jour et nuit sans presque discontinuer, en sorte que l'ouvrage fut terminé, copié, répété dans le délai voulu. Rien ne fut négligé pour donner à ce *festival*, comme l'on dirait maintenant, toute la solennité possible, toute la pompe imaginable. L'exécution eut lieu à la cathédrale; on avait généreusement fourni au compositeur tout ce qui pouvait contribuer à faire briller son œuvre du plus vif éclat : tous les musiciens du département avaient été *mis en réquisition;* Pleyel, ayant besoin de cloches pour un effet de tocsin, eut à choisir dans les trois cents qui provenaient des églises et avaient été réunies à la fonderie de la ville pour être converties en canons; il en assortit sept qui fournissaient plusieurs accords d'un effet imposant et terrible. Le résultat fut des plus grandioses, et tous les auditeurs s'accordèrent à regarder cette œuvre comme l'une des plus remarquables de l'auteur; cette grande symphonie fut exécutée plusieurs fois depuis, et valut à Strasbourg la conservation de sept de ses cloches. Il est assez singulier qu'un tel ouvrage ait fini par se perdre. On aurait pu l'exécuter dans les bruyants orchestres de nos jours, où il aurait sans doute obtenu du succès, sinon pour le mérite réel de la composition, au moins pour le fracas qui, dans cette circonstance, était indispensable pour atteindre le but qu'on se proposait.

Après l'époque de la convention et au commencement du directoire, la soif des plaisirs que chacun éprouvait à la suite de temps si péniblement passés, facilita toutes les entreprises artielles; on chanta, on dansa, on se divertit en toute façon d'un bout de la France à l'autre; aussi voyons-nous à cette époque deux entreprises théâtrales d'une part, et de l'autre les concerts fondés et dirigés par Pleyel, et que la terreur même n'avait point suspendus, jouir ensemble d'une égale prospérité. On établit depuis des concerts suivis de bals sans cesse fréquentés par les officiers de toute arme qui défendaient la position et le fort de Kehl contre l'armée autrichienne. Comme la garnison de Kehl se relevait tous les matins par trois mille hommes, on vit, dit M. Berg, plus d'une fois des officiers se rendre du champ de bataille aux concerts, y danser, s'y amuser toute la nuit, puis retourner le matin devant l'ennemi, et, à peine sortis du bal, recevoir la mort des braves.

Il est à remarquer que cette époque fut aussi celle à laquelle les amateurs commencèrent à se mêler d'entreprises musicales; tout en avouant que le goût pour la musique en devint plus général, M. Berg ne sait trop si la musique elle-même y gagna beaucoup; mais il est incontestable que le séjour prolongé de Rodolphe Kreutzer, qu'avait attiré le voisinage du congrès de Rastadt, fut fort avantageux à la ville de Strasbourg.

L'époque du consulat offre trois faits assez importants: l'incendie du théâtre construit en 1700, et qui dura juste un siècle; l'invention d'une typographie musicale, qui n'obtint point de succès, et dont un autre incendie acheva la ruine; enfin, l'exécution d'une sorte de musique de bataille, que bien des amateurs aimeraient sans doute à voir reproduire aujourd'hui. Cette musique avait pour auteur un ancien capitaine autrichien nommé Bœhm qui l'avait fait entendre dans beaucoup de grandes villes d'Allemagne, où il l'appelait : *les Victoires du prince Charles*; en France, ce furent *les Victoires du général Bonaparte*.

Elle était uniquement instrumentale; on lui reprocha plusieurs plagiats, mais elle produisit néanmoins un grand effet. Pour l'exécution, l'auteur avait fait construire différentes machines destinée à imiter les feux de file et de peloton, le canon en un mot tout le fracas d'un combat. Il avait réuni environ trois cents exécutants, tant musiciens que tambours et machinistes; lui-même dirigea le tout avec une habileté vraiment surprenante. L'orchestre occupait les deux côtés du chœur; par derrière, de chaque côté, se trouvait, sur un gradin élevé, une ligne de tambours : les machines de guerre étaient disposées dans les galeries supérieures et dans les encoignures de la nef. Le directeur, placé dans une enceinte carrée où se trouvaient des cordons de sonnettes correspondant aux machines, tirait ces cordons au moyen de pédales et toujours un temps avant la mesure, afin que le machiniste, prévenu par ce signal, pût faire partir les coups au moment voulu. Pour se faire une idée de l'habileté de cet homme, il faut se le figurer dirigeant tout de mémoire, s'agitant en tout sens, surveillant à la fois ses deux orchestres, et ne manquant le signal d'aucune attaque, d'aucune rentrée.

On doit encore rapporter à cette époque l'exécution de la *Création*, de Haydn, et l'apparition d'une troupe allemande, qui, ayant donné avec succès des représentations durant l'été de 1801, commit l'imprudence de venir se faire entendre à Paris, où elle éprouva la plus triste déconvenue.

L'époque impériale fut désastreuse pour toutes les entreprises musicales ; et les décrets de 1806 et de 1813, en créant une foule de priviléges, c'est-à-dire d'abus, portèrent à toutes les entreprises théâtrales et aux entreprises lyriques en particulier, un coup dont elles ne se sont plus relevées, puisque les pouvoirs qui se sont succédé depuis, bien loin de réformer ces illégaux et iniques décrets, n'ont fait qu'y ajouter des appendices qui les rendent plus pernicieux encore. Napoléon passa plusieurs fois à Strasbourg : la première impératrice y séjourna quelque temps, la seconde s'y arrêta aussi ; mais il ne résulta de ces circonstances aucune impulsion musicale; Joséphine avait amené ses musiciens particuliers, qui ne se firent entendre qu'à huis-clos. Quant à Napoléon, il ne prit pas même la peine d'assister au *Te Deum* qu'on avait préparé à la cathédrale pour célébrer la victoire d'Austerlitz.

Le premier et le plus grand mal des décrets impériaux fut, ainsi que le remarque avec raison M. Berg, de mettre toutes les directions théâtrales dans un état d'hostilité permanente contre tout ce qui se faisait hors du théâtre : aussi aucun fait musical important ne date-t-il de cette époque, car l'établissement du *Musik-krœnschen*, ou cercle musical, eut fort peu de portée artistique.

Au commencement de la Restauration, les concerts furent assez brillants, et les Strasbourgeois ont conservé un agréable souvenir de ceux des années 1814, 1815 et 1816. Dans celles qui suivirent, le goût pour la musique vocale se développa d'une manière remarquable, et il est bon de dire que ce fut à l'occasion de l'arrivée de quatre chanteurs allemands connus sous le nom de *chanteurs de Vienne*, qui exécutaient des quatuors sans accompagnement avec une grande perfection. Toutefois, ce ne fut qu'en 1821 que s'ouvrirent des classes pour les études élémentaires de la musique et du chant : on suivit d'abord la méthode ou pour mieux dire les procédés de Galin, puis ceux de Massimino, puis enfin ceux de Wilhem ; ce fut l'école ouverte par M. Baxmann qui obtint le plus de succès et exerça le plus d'influence sur les progrès de la musique vocale à Strasbourg.

C'est encore à des Allemands que l'on doit le goût des fanfares exécutées par les seuls instruments de cuivre. La musique d'un régiment bavarois en garnison à Landau vint, en 1827, sous la direction de son habile chef M. Kress, faire entendre des morceaux qui furent exécutés avec un rare ensemble. Aussitôt une nombreuse société de fanfares se forma, et, plus tard, l'on en apprécia l'utilité. En vérité, il ne faut aux Strasbourgeois que l'occasion de bien faire.

De la même époque date une institution bien importante, celle d'une école de violon fondée par M. de Kentzinger, qui avait également aidé de tout son pouvoir à l'établissement et au succès d'une académie de chant. Dans cette école, l'instruction gratuite se donne à des jeunes gens sans fortune et annonçant d'heureuses dispositions : M. Jupin, élève de M. Baillot et actuellement second chef d'orchestre à l'Opéra-Comique, en fut le professeur.

Mais, sous le rapport musical, aucune époque ne brilla d'un éclat plus vif et plus pur à Strasbourg que les deux années 1829 et 1830. Dans la première, M. Kern, président de l'Académie de chant, entreprit de relever les anciens concerts spirituels, et parvint à réunir plus de soixante chanteurs qui exécutèrent l'oratorio de *Weltgericht* avec grand succès. Cette réussite suggéra l'idée du grand concert alsacien qui fut donné au mois d'avril suivant. Les grandes réunions musicales de la Suisse, de l'Allemagne, et notamment de la Prusse rhénane, avaient trouvé du retentissement en Europe ; la

France seule était en retard pour cela comme pour tant de choses; car les réunions qui avaient eu lieu à Lille, à Douai et en d'autres villes, n'étaient pas des concerts d'ensemble, mais des sortes de concours où chaque corps de musique se faisait entendre séparément. A Strasbourg était réservé l'honde faire le premier pas, en réunissant tous les musiciens de l'Alsace.

« A peine, dit M. Berg, l'idée d'un grand concert alsacien avait-elle été jetée dans le public, qu'elle électrisa tous nos amateurs de musique à un tel point, qu'il y eut une véritable lutte pour entrer dans le comité chargé de l'organiser : on ne se doutait pas alors quelle tâche épineuse on s'imposait. »

On dut employer environ six mois en préparatifs et répétitions; enfin, les deux grands concerts dont se composait la fête musicale eurent lieu les lundi et mardi de Pâques, 12 et 13 avril 1830. Il est étonnant que M. Berg n'ait pas conservé dans son ouvrage la note des morceaux qui furent exécutés en cette circonstance solennelle; quoi qu'il en soit, l'élite des artistes et des amateurs des départements de haut et bas Rhin concourut à son exécution ; l'émotion des auditeurs fut profonde, et le succès complet.

On fit un règlement qui déterminait que ces grands concerts auraient lieu alternativement chaque année dans les villes de Strasbourg, de Colmar et de Mulhouse. Les amateurs de Colmar conçurent même l'idée de faire construire un grand bâtiment qui servirait à la fois pour le Casino et pour ces grands concerts. Tout semblait présager un heureux avenir à la musique dans ces contrées; mais la révolution de juillet vint arrêter tous ces beaux projets, et le concert alsacien, selon l'expression de M. Berg, eut le sort de ces brillants météores, qui, après leur disparition, rendent la nuit plus obscure.

Le premier effet du grand mouvement qui s'opéra en cette circonstance fut une stagnation complète des entreprises purement artielles et un zèle assurément fort méritoire pour l'organisation des musiques de la garde nationale. Cette organisation prouva, plus encore à Strasbourg qu'en d'autres villes, combien est grand le nombre d'amateurs qui, dans les départemens, cultivent la musique instrumentale et particulièrement les instruments à vent. Strasbourg a toujours été et est encore à cet égard l'une des cités les plus riches de France. Depuis 1789, la ville n'avait jamais cessé d'avoir un corps de musiciens salariés à la tête de sa garde nationale; en 1830, il se forma, comme par enchantement, un corps de musique particulier pour chacun des quatre bataillons, un autre pour l'escadron de cavalerie, et enfin un sixième pour le bataillon *extrà muros*. Cet empressement n'eut d'ailleurs pour l'art que fort peu de résultats : croirait-on, par exemple, que les amateurs strasbourgeois s'étaient imaginés, croyant sans doute faire acte de patriotisme, de ressusciter de vieux airs connus, tels que : *Ah! ça ira, ça ira,* qui n'a aucune importance musicale, ou bien : *On va lui percer le flanc, plan, plan, plan tirelire en plan,* qui, pour le dire en passant, est de beaucoup antérieur à la révolution de 89 ; c'étaient là les pièces d'exécution dans les grandes circonstances ; aux anniversaires des trois journées par exemple ! Aussi, le zèle fut-il de courte durée ; tous les jours on voyait des amateurs abandonner les corps de musique pour rentrer dans leurs compagnies respectives, lorsque la dissolution de la garde nationale, en 1834, mit aussi fin à sa musique.

Nous ne parlerions pas du concert donné en 1831, et qui n'ayant commencé qu'à onze heures du soir, par suite du retard qu'éprouva l'arrivée du roi Louis-Philippe, alors à Strasbourg, ne put réveiller personne, si ce concert n'avait eu un résultat fort important, la fondation d'une caisse d'éméritat pour les artistes vieux et infirmes. Strasbourg est peut-être la seule ville qui possède un établissement de ce genre ; elle en avait déjà eu un analogue en 1789 ; celui qui existe aujourd'hui, et au profit duquel se vend le livre de M. Berg dont nous rendons compte, est dans une voie de parfaite prospérité.

Cependant, les autorités municipales de Strasbourg, sous la direction de M. Frédéric de Türkeim, maire de la ville, portèrent sur les arts un œil plein de sollicitude. Ce fut sur sa proposition qu'une somme de vingt mille francs fut votée pour payer un orchestre permanent, et faire cesser le système de rabais adopté par plusieurs directeurs de théâtre, infiniment peu soucieux du bien de l'art. On croirait à peine que l'approbation de cette mesure fut refusée par le préfet : ce fonctionnaire ne borna pas là ses mesures antimusicales ; une troupe allemande était venue s'établir à Strasbourg, et le maire avait avec beaucoup de peines amené un arrangement entre le directeur de la troupe allemande et celui de la troupe française ; une minorité composée, comme de coutume, de quelques jeunes gens fort prétentieux et fort ignorants, mit de l'opposition à cette mesure ; le préfet vint se ranger à l'avis de cette minorité, et la troupe allemande fut expulsée. Cette mesure maladroite ne porta pas bonheur à la troupe rivale, qui ne put même terminer son bail, et dont le directeur dut résigner sa gestion. Comme on ne trouva plus personne l'année suivante qui voulût accepter l'entreprise du théâtre, on fut heureux d'avoir quelques représentations d'une compagnie allemande dont l'opération ne fut pas heureuse, le directeur s'étant trop pressé de faire débuter une troupe incomplète. L'opéra français reprit ensuite un peu de vie sous la conduite de M. Brice, ancien ténor de la troupe française de Saint-Pétersbourg.

Une grande solennité signala l'été de 1834 ; le *Requiem* de Mozart fut chanté à la cathédrale avec toute la pompe voulue pour le service du général Lafayette ; c'était la quatrième fois qu'on l'entendait à Strasbourg depuis trente ans; la première fois il avait été chanté au temple neuf, à la mort de M. Dorn, chantre de cette église, en 1806; la seconde fois en 1810, pour le service funèbre du maréchal Lannes, et la troisième le 21 janvier 1815, pour le premier anniversaire de la mort de Louis XVI célébré en France. Il le fut depuis une cinquième fois à l'occasion de la translation des dépouilles mortelles du général Kléber.

On s'occupa dès ce temps de donner une seconde fête musicale semblable à celle de 1830, mais ce projet fut reculé jusqu'à la séculaire de l'invention de l'imprimerie. Tout semblait présager un succès certain à tout concert donné dans une pareille occasion; cependant la musique fut froidement accueillie, et l'on ne s'en étonnera pas quand on saura que dans l'oratorio de *Jephté* du célèbre Hændel, on eut l'idée bouffonne de retrancher tous les morceaux fugués; c'était, ainsi que l'observe M. Berg, enlever les principales beautés de la composition du célèbre musicien auquel Mozart donnait le premier rang; car c'est dans les pièces de ce genre que le génie de ce compositeur prend un essor plus élevé. Les réunions qui avaient eu lieu en cette circonstance amenèrent l'idée d'un *athénée musical* pour lequel des règlements préliminaires furent rédigés, mais on ne put rassembler qu'un trop petit nombre de souscripteurs pour que le projet fût mis à exécution.

Grâce au zèle éclairé de plusieurs amateurs et à

la largeur des vues du conseil municipal, le chant fut introduit dans les écoles élémentaires au 1er janvier 1836, et aujourd'hui la ville de Strasbourg compte vingt-trois écoles, outre une classe de moniteurs et d'adultes où le chant est enseigné; espérons que son influence civilisatrice s'y fera sentir de plus en plus.

L'année 1837 ne fut pas plus heureuse que les précédentes en ce qui touche le théâtre; elle offrit cependant la particularité d'une troupe d'opéra italien, ce que l'on n'avait jamais vu à Strasbourg; malheureusement ses représentations furent suivies presque exclusivement par la haute société; mais il y eut l'année suivante des solennités musicales d'un tout autre genre, et qui purent être fréquentées de toute la population.

La musique sacrée, jadis si florissante à la cathédrale de Strasbourg, n'avait jeté que des lueurs momentanées depuis 1800, époque du rétablissement du culte, sous Wolf, mort en 1808, et Spindler, mort en 1819, et sous M. Wackenthaler; dans ces derniers temps, les exécutions musicales pour lesquelles la collégiale faisait des dépenses spéciales, étaient devenues de plus en plus rares et avaient fini par être absolument supprimées. Elles furent rétablies en 1838, et, malgré une mauvaise situation du corps d'exécutants, à laquelle on remédia plus tard, des messes de Haydn, de Beethoven et de Cherubini furent exécutées avec ensemble et succès. On dut en cette occasion beaucoup de reconnaissance à M. l'abbé Mayer, professeur au petit séminaire, qui n'épargna aucune peine pour amener ses élèves au niveau des belles compositions qui leur étaient confiées, et y réussit à la satisfaction générale.

Pendant les saisons qui suivirent, le théâtre fut toujours peu fréquenté, et il y eut même un hiver sans aucune troupe dramatique, ce qui à Strasbourg ne s'était pas vu de mémoire d'homme. Quelques concerts donnés ou formés par des amateurs furent assez bien reçus, et l'exécution du bel ouvrage de Haydn, intitulé *la Création*, par les élèves des écoles, obtint le plus favorable accueil.

M. Berg termine son intéressante brochure par des considérations générales sur lesquelles nous appellerons un instant l'attention. D'abord il remarque qu'à la vérité l'on a fait de très-grands efforts pour maintenir l'art dans un état de prospérité, et que l'on pourrait croire que les plaintes sur sa décadence sont exagérées et inspirées par une imagination pessimiste; mais, comme il le dit fort bien, on ne doit pas confondre des velléités passagères avec une existence normale et soutenue.

On organise des concerts; mais qu'est-ce qu'un concert? à peine est-il terminé qu'il n'en reste plus de trace, et l'on oublie surtout les peines inouïes qu'a dû prendre celui qui l'a organisé, et qui réellement sont telles qu'il n'en faudrait pas davantage pour fonder un établissement musical complet et durable. M. Berg voudrait qu'il y eût à Strasbourg un orchestre stable et suffisant, dont l'existence, indépendante de celle du théâtre, cessât d'être mise en doute chaque année; on engage les artistes au rabais, comment ceux qui sont à même de trouver mieux ne quitteraient-ils pas avec empressement? Un autre établissement nécessaire serait une académie de chant, dirigée par un artiste habile, qui fût mis dans une position assez favorable pour lui consacrer tout son temps et tous ses soins. Passant à ce qui concerne le théâtre, M. Berg déplore la décadence incontestable de l'art dramatique; il remarque avec pleine raison que les théâtres provinciaux, qui prospéraient autrefois, ne se trouvent pas, sous le rapport des avantages matériels, dans une position plus fâcheuse que celle qu'ils avaient jadis; car, s'ils paient aujourd'hui les droits d'auteur et l'impôt des pauvres qu'ils n'acquittaient pas avant la révolution, autrefois aussi ne recevaient-ils pas les subventions assez considérables qui leur sont aujourd'hui allouées, en sorte qu'il y a compensation ou même bénéfice. D'où vient donc la décadence? Des exigences exagérées du public, qui ne tient aucun compte au directeur des difficultés qu'il rencontre, et prétend, selon l'expression de M. Berg, que le spectacle soit toujours bien monté, qu'on y aille ou qu'on n'y aille pas. Les fréquents rapports avec la capitale ont fait qu'aujourd'hui le public de province prétend à un spectacle presque pareil à ceux de Paris, sans songer à quelles conditions on peut s'en procurer un semblable. Une autre habitude qui de nos jours devrait être entièrement bannie d'une société policée, c'est l'abus, souvent indécent, que font quelques turbulents du droit qu'ils ont à la vérité acheté à la porte, mais dont ils devraient bien faire un plus rare et surtout un plus opportun usage. Combien de fois, en effet, n'a-t on pas vu la faible réunion de quelques étourdis s'ériger en juge suprême d'un mérite que pas un des membres de cette oppressive minorité n'était capable d'apprécier, et arriver par leurs indécents sifflets, par des cris et des hurlements plus inconvenants encore, à éloigner du théâtre des artistes distingués, à ruiner des directeurs, et, en définitive, à priver le public du plaisir du spectacle !

Tels sont, en abrégé, les motifs qui empêchent la musique de prospérer à Strasbourg, ainsi qu'on aurait droit de l'attendre, ainsi qu'il en a été pendant longtemps ; c'est sur eux que **M. Berg** appelle l'attention de l'autorité. Il conclut en adjurant les magistrats et le public de porter un prompt remède à l'état actuel des choses.

« Que les autorités locales, dit-il, veuillent bien se pénétrer de l'urgence de venir, en ce qui dépend d'elles, au secours d'un art qui est menacé de toutes parts.

» Que nos concitoyens veuillent, de leur côté, se pénétrer de l'idée que leur concours est indispensable aux efforts que tenteraient les autorités.

» Qu'un bon esprit les anime et les dégage de

ces petits amours-propres si souvent mal placés, et qui sont la mort de tout progrès.

» Que chacun enfin contribue selon sa position, ses moyens et ses relations, à faire prospérer un art qui était jadis un des titres de gloire de cette ville, et qui est aujourd'hui un des plus grands besoins de notre époque.

» Si l'on consacrait à la musique seulement une partie des sommes et du temps qui sont si souvent employés à des plaisirs frivoles, combien de progrès, non-seulement artistiques, mais encore moraux, pourraient se faire! Car, dans l'état actuel de notre société, le perfectionnement de la musique doit aider au perfectionnement de l'homme intérieur. La musique, révélation divine, attache à tout ce qui est beau et tout ce qui est bon; elle doit préserver des vices et des penchants ignobles, en élevant les âmes vers leur créateur, source et plénitude de toute perfection! »

La manière dont nous avons rendu compte de la brochure de M. Berg, en en reproduisant toute la substance, prouve suffisamment l'importance que nous y attachons et l'intérêt qu'elle nous semble mériter. Nous regrettons que M. Berg n'ait pas remonté plus haut dans les annales de la musique strasbourgeoise, et nous l'engageons à nous donner l'histoire complète de cet art dans sa patrie. Un tel travail peut donner lieu à d'assez laborieuses recherches, mais qui ne sauraient manquer d'aboutir à mettre en relief plusieurs réputations à tort ignorées, et à augmenter la liste déjà si nombreuse des hommes distingués qui sont nés ou ont exercé leur profession sur les bords qu'arrose le plus majestueux de nos fleuves. Nous avons une omission d'un autre genre à relever dans le travail de M. Berg; ce professeur si distingué, en mentionnant les efforts de tout genre faits pour les progrès de l'art musical dans son pays, oublie constamment de dire qu'il n'a cessé de se trouver à la tête de tout ce qui a été produit en ce genre de bon et d'utile. Après avoir fait cette remarque, nous ne signalerons pas quelques légères taches de style, et nous n'ouvrirons point de discussion sur quelques opinions qui nous paraissent hasardées; nous aimons bien mieux remercier M. Berg de nous avoir si bien mis au courant de l'état de l'art musical dans un des chefs-lieux les plus intéressants de la France. Sous le rapport artistique, comme sous beaucoup d'autres, nous souhaitons que les villes importantes de province publient de semblables documents, qui nous mettront à portée de les connaître, de suivre leurs progrès et parfois même de les imiter; nous désirons surtout qu'elles possèdent toutes des artistes aussi éclairés, aussi zélés, aussi sages que M. Conrad Berg. Depuis 1830, le gouvernement a beaucoup fait en introduisant la musique dans l'enseignement primaire; c'est aux autorités municipales, aux professeurs, aux amateurs, à continuer : il ne faut pas seulement que la musique s'apprenne dès l'enfance : sa bienfaisante influence doit s'attacher à la vie de l'homme du peuple ainsi qu'à celle du citoyen plus riche et plus haut placé dans le monde ; il faut qu'elle s'identifie en quelque sorte avec notre être ; qu'elle soit en nous une source féconde et durable de douces sensations, qu'elle contribue à nous faire goûter modestement et innocemment le peu de félicité auquel nous pouvons prétendre ici-bas, et que, dans les jours difficiles de notre existence, elle se montre à nous comme un génie consolateur qui nous aide à supporter nos maux et allége le poids de nos infortunes.

Nous demandons que des remercîments à M. Berg soient votés par la Société, et nous le prions avec instance de continuer à nous tenir au courant de l'état de l'art musical dans sa patrie, qu'il honore par tant de zèle, de goût et de talent.

PARIS. — IMPRIMERIE DE DUCESSOIS, 55, QUAI DES GRANDS-AUGUSTINS,
(Près le Pont-Neuf).

www.ingramcontent.com/pod-product-compliance
Lightning Source LLC
Chambersburg PA
CBHW070524100426
42743CB00010B/1947